中华精神家园

悠久历史

古代税赋

历代赋税与劳役制度

肖东发 主编　易述程 编著

中国出版集团

现代出版社

图书在版编目（CIP）数据

古代税赋 / 易述程编著. — 北京：现代出版社，
2014. 11（2019.1重印）
（中华精神家园书系）
ISBN 978-7-5143-3077-9

Ⅰ. ①古… Ⅱ. ①易… Ⅲ. ①税收管理－财政史－中
国－古代 Ⅳ. ①F812.92

中国版本图书馆CIP数据核字(2014)第244313号

古代税赋：历代赋税与劳役制度

主　　编：肖东发
作　　者：易述程
责任编辑：王敬一
出版发行：现代出版社
通信地址：北京市定安门外安华里504号
邮政编码：100011
电　　话：010-64267325 64245264（传真）
网　　址：www.1980xd.com
电子邮箱：xiandai@cnpitc.com.cn
印　　刷：固安县云鼎印刷有限公司
开　　本：710mm×1000mm　1/16
印　　张：9.75
版　　次：2015年4月第1版　2021年3月第4次印刷
书　　号：ISBN 978-7-5143-3077-9
定　　价：29.80元

党的十八大报告指出："文化是民族的血脉，是人民的精神家园。全面建成小康社会，实现中华民族伟大复兴，必须推动社会主义文化大发展大繁荣，兴起社会主义文化建设新高潮，提高国家文化软实力，发挥文化引领风尚、教育人民、服务社会、推动发展的作用。"

我国经过改革开放的历程，推进了民族振兴、国家富强、人民幸福的中国梦，推进了伟大复兴的历史进程。文化是立国之根，实现中国梦也是我国文化实现伟大复兴的过程，并最终体现为文化的发展繁荣。习近平指出，博大精深的中国优秀传统文化是我们在世界文化激荡中站稳脚跟的根基。中华文化源远流长，积淀着中华民族最深层的精神追求，代表着中华民族独特的精神标识，为中华民族生生不息、发展壮大提供了丰厚滋养。我们要认识中华文化的独特创造、价值理念、鲜明特色，增强文化自信和价值自信。

如今，我们正处在改革开放攻坚和经济发展的转型时期，面对世界各国形形色色的文化现象，面对各种眼花缭乱的现代传媒，我们要坚持文化自信，古为今用、洋为中用、推陈出新，有鉴别地加以对待，有扬弃地予以继承，传承和升华中华优秀传统文化，发展中国特色社会主义文化，增强国家文化软实力。

浩浩历史长河，熊熊文明薪火，中华文化源远流长，滚滚黄河、滔滔长江，是最直接的源头，这两大文化浪涛经过千百年冲刷洗礼和不断交流、融合以及沉淀，最终形成了求同存异、兼收并蓄的辉煌灿烂的中华文明，也是世界上唯一绵延不绝而从没中断的古老文化，并始终充满了生机与活力。

中华文化曾是东方文化摇篮，也是推动世界文明不断前行的动力之一。早在500年前，中华文化的四大发明催生了欧洲文艺复兴运动和地理大发现。中国四大发明先后传到西方，对于促进西方工业社会的形成和发展，曾起到了重要作用。

　　中华文化的力量，已经深深熔铸到我们的生命力、创造力和凝聚力中，是我们民族的基因。中华民族的精神，也已深深植根于绵延数千年的优秀文化传统之中，是我们的精神家园。

　　总之，中华文化博大精深，是中国各族人民五千年来创造、传承下来的物质文明和精神文明的总和，其内容包罗万象，浩若星汉，具有很强的文化纵深，蕴含丰富宝藏。我们要实现中华文化伟大复兴，首先要站在传统文化前沿，薪火相传，一脉相承，弘扬和发展五千年来优秀的、光明的、先进的、科学的、文明的和自豪的文化现象，融合古今中外一切文化精华，构建具有中国特色的现代民族文化，向世界和未来展示中华民族的文化力量、文化价值、文化形态与文化风采。

　　为此，在有关专家指导下，我们收集整理了大量古今资料和最新研究成果，特别编撰了本套大型书系。主要包括独具特色的语言文字、浩如烟海的文化典籍、名扬世界的科技工艺、异彩纷呈的文学艺术、充满智慧的中国哲学、完备而深刻的伦理道德、古风古韵的建筑遗存、深具内涵的自然名胜、悠久传承的历史文明，还有各具特色又相互交融的地域文化和民族文化等，充分显示了中华民族的厚重文化底蕴和强大民族凝聚力，具有极强的系统性、广博性和规模性。

　　本套书系的特点是全景展现，纵横捭阖，内容采取讲故事的方式进行叙述，语言通俗，明白晓畅，图文并茂，形象直观，古风古韵，格调高雅，具有很强的可读性、欣赏性、知识性和延伸性，能够让广大读者全面接触和感受中国文化的丰富内涵，增强中华儿女民族自尊心和文化自豪感，并能很好继承和弘扬中国文化，创造未来中国特色的先进民族文化。

2014年4月18日

上古时期——初税亩田

中古时期——赋役成制

近古时期——顺势建制

近世时期——应时改化

初税亩田

在我国历史上的上古时期夏商西周出现的十一税和土贡，标志着奴隶社会赋税制度雏形的形成。齐国的"相地而衰征"，鲁国的"初税亩"和"作丘甲"，使奴隶制生产关系逐渐解体。

战国时期的赋税改革，将前一时期的改革成果推向新阶段，奠定了封建制度的物质基础，体现了税制改革的探索精神。

先秦时期的徭役（包括力役和兵役）等，在朝廷建设和巩固国防方面，发挥了极为重要的作用。

夏商西周赋税与徭役

■夏禹画像

赋税和徭役是实现朝廷职能的重要工具。夏商西周是我国历史上3个奴隶制王朝，被称为"三代"。三代在氏族社会及其变种，也就是井田制的基础上建立了贡助彻赋税制度。

贡助彻赋税制度的产生，对朝廷的巩固和发展意义重大，它加强了朝廷政权的巩固，同时维护了宗法统治秩序，促进了奴隶经济的发展。

■ 古人耕种蜡像

夏代作为我国历史上第一个奴隶制社会，建立了与其相应的比较完备的赋税制度。夏代的田赋征收有两种，一种是按田土的农产品产量征收定额的田赋；一种是根据各地的特产贡纳土特产品。

相传夏禹在治水之时，即观察土地，识别土质，把田地按高低、肥瘠情况分为9等，又根据使用的情况规定了赋税等级。据史籍记载，夏代把全国分为5个区域，在王城之外，每250千米为一区，根据各区距离王城的远近和运输负担，确定缴纳物品的精、粗。

赋税的比率，一般是收获量的十分之一。因年成有好坏，夏代的做法是将相邻几年的收获，求出一个平均数，作为贡赋定额。不分灾年、丰年，都要缴纳规定数量的粮食。所以，夏代的税收，实际上是一种农业定额税。

禹 姒姓，夏后氏，名禹，字文命，后世尊称禹王，是黄帝轩辕氏玄孙，传说是夏后氏部落的首领，是子承父位、我国奴隶制的创始人。尧时被封为夏伯，史称伯禹、夏禹。他最卓著的功绩，就是历来被传颂的治理滔天洪水，又划定中国国土为九州。

■ 商汤画像

除了上述的赋税外，夏代朝廷收入的另一个重要来源是土贡，各地诸侯、臣属向夏国王贡纳的土产、珍宝。

根据《史记·夏本纪》和《尚书·禹贡》的记载，当时地方诸侯、方国、部落向夏王上缴的贡物主要是其所在地的特产，诸如丝、铜、象牙、珠玉等。

这里面又分常贡和临时贡纳，后者一般是那些难得的物品或新鲜果品。为了保证税收的执行和夏王朝有稳定的收入，夏朝廷已经发明并使用石、钧等衡器来征收赋税。

夏代的赋税说明，我国奴隶制朝廷建立后，曾经及时采取法律形式确立朝廷赋税制度。

商朝仍沿袭夏朝的贡制，但商朝有自己的田赋制度，这就是助法。助法是建立在井田制度基础上的一种田赋制度。

在商代实行的是井田制度，《孟子》记载："殷人七十而助"。据朱熹解释：把630亩的土地，分为9块，每块70亩，中为公田，8家共耕；外为私田，8家各授一区。纳税的形式，是使8家之力助耕公田，以公田所获交公。私田不再纳税。

井田制度 是西周时盛行的土地国有制度。井田就是把土地分隔成"井"字方块，故称作"井田"。井田属周王所有，并且分配给庶民使用。领主不得买卖和转让井田，还要缴一定的贡赋。领主强迫庶民集体耕种井田，周边为私田，中间为公田。其实质是一种土地私有制度。

这种田赋的性质，实是上一种借民力助耕的劳役地租。这种以租代税的形式实际上是对劳动力的直接征发。

助法的税率，《孟子》说是十一税率，朱熹推算是九一税率。因为每家负担的是八分之一，即12.5%，比十一税率要高。

此外，商朝也有土贡制度。政治家伊尹受商王之命所做的《四方献令》中规定：受封诸侯要定期或不定期向商王朝贡纳当地的土特产品。

周朝基本上是沿袭了夏商的赋税制度。西周仍实行井田制，在此基础上推行"彻法"。据《汉书·食货志》记载：一井之内的所有人家，通力协作耕种，均分收获物，以其中百亩的收获物为田赋上缴给朝廷，税率约为十一而税，这就是彻法。

彻法同助法一样，也建立在井田制的基础上。但

朱熹（1130年—1200年），字元晦、一字仲晦，号晦庵、晦翁、考亭先生、云谷老人、沧洲病叟、遁翁。汉族，祖籍南宋江南东路徽州府婺源县人。南宋著名的理学家、思想家、哲学家、教育家、诗人、闽学派的代表人物，世称朱子，是孔子、孟子以来最杰出的弘扬儒学的大师。

■ 记载赋税的史书

彻法的征收同助法有所不同。首先，授地亩数不同；其次，夏代是定额税，周代则采取比例税形式；最后，它能多收多得，有利于调动劳动者的积极性。可见，彻法比贡法要进步得多。

周朝的贡法，是各国诸侯和平民，定期向周天子献纳物品的制度。贡纳是各诸侯应尽的义务。

西周的周公旦把封国按照"公侯伯子男"5个爵位来区分高低。西周的贡法要求：属地为250千米的公需要贡二分之一；属地分别为200千米和150千米的侯和伯需要贡三分之一；属地分别为100千米和50千米的子和男需要贡四分之一。

贡法同时规定，贡品都是实物。上缴的贡物必须按时缴纳，否则就会受到惩罚。

除了上述田赋和贡纳制度外，周王朝还出现了关市税。这一税制的出现是有一定历史背景的。

我国古代手工业发展得早，当时的手工业和商业都属官办，故不征税。去市场上交换的物品，在关卡上只检查是否有违禁事例，而不征税；在市场上也只对市肆收点管理费。

至西周后期，由于农业的剩余生产物和手工业产品的交换活动日益增多，在官营手工业和官营商业之

古代税赋

历代赋税与劳役制度

■ 周公旦 姬姓，周氏，名旦，又称周公旦、叔旦、周旦，周文公。后世多称其为"元圣"。谥"文"。周文王姬昌第四子。为西周初期杰出的政治家、军事家和思想家，被尊为儒学奠基人。他曾先后辅助周武王灭商、周成王治国。他先后制定和完善了宗法、分封等各种制度，使西周奴隶制获得进一步的巩固。

外，出现了以家庭副业形式为主的私营个体手工业和商业，商人活动的范围已不是几十千米、上百千米的小范围，而是来往于各诸侯国乃至海外。

针对这种情况，朝廷一方面出于保护农业劳动力的需要，对从商之人加以抑制；另一方面，也是为了满足日益增加的财政需求。因此，需要对参加商品交换的物品征税。

西周的关市税指的是关税和市税。古代的关，主要指陆路关卡，或设于道路要隘之处，或设于国境交界之处；其作用是维持治安和收税，即有双重作用。

市税是指对开设的商铺等进行征收，实际上是费的性质。

据史载，有质布、罚布、廛布等名目。布就是当时的货币。质布是买卖牛马兵器等，朝廷给予贸易契券，并收取税金和契纸的成本费。罚布是对犯市令者的罚款。廛布是对商人储存货物的店铺所收的费。

货币经济 以货币为媒介，以市场交换为直接目的的经济形式。用来交换的产品都是商品。但最初的交换是直接的物物交换，没有货币作为媒介。货币出现以后，只有以货币为媒介的交换，才被称为货币经济。

■ 周公辅政蜡像

牧野之战中的周朝军队

西周关市方面的赋税用"布"即货币来缴纳，意味着西周时货币经济已开始发达起来。

周朝还有一项山泽税，即对山林、园池水泽所产所征的税。包括山林所出的兽皮、齿、羽翮，池泽所出的鱼、盐等物所收取的实物。

夏商西周三代有一种寓惩于征的措施，即罚课。

罚课规定，凡不勤劳生产，或不完成生产任务的，都要受到加税或服徭役的处罚。对于住宅地旁不种桑麻者，闲居而不参加生产者，都要缴纳数额不等的钱款或者服徭役。

徭役是朝廷无偿征调各阶层人民所从事的劳务活动。

夏商西周三代的徭役规定，平民要负担一定的徭役，随时服从朝廷的征调，即使是贵族，也有服兵役的义务。

三代的徭役包括力役和军役等。其力役主要是让人民从事劳役活动，军役是让壮丁入伍从军，保卫朝廷安全。

商朝初年禁止力役。商汤刚刚立国时，吸取夏代灭亡的教训，告诫他的诸侯群后，禁止无故劳役人民。但至商纣王时，劳役繁重。比如强迫百姓为他造鹿台，迫使百姓到深山密林去猎取野兽等。

周朝的力役有明确规定。一般是一户一人，任务是跟随诸侯、大夫从事狩猎、追捕盗贼以及运送官物等。服役的日数一般为一年3天，少者一天，如遇灾荒年则不服劳役。

服役的年龄，国中之民自20岁至60岁。对于特权阶级都免役，如圣贤之人、有能力的人、老人、有疾病的人等。

再如，西周的卿大夫之家的庶民，往往集中在公子的采邑里。这些庶民，长年在田间劳作，到秋收完毕，才能与妻儿一同过冬。

在过冬时，他们要为公子田猎，剥制兽皮，酿造春酒，收藏冰块以及从事其他各种劳役。他们的妻女同样是公子的仆人，要为公子进行采桑、养蚕、织帛、缝制衣裳等劳作。

周代的军役称为军赋，一般是7家出一人服兵役，按规定轮换。

占井田一区之地者，要出战马一匹，外加牛3头；占井田四区为一甸，需要出战马4匹，兵车一乘，牛12头，甲士3人，卒72人，干戈武器也由自己准备。

由此可见，周代将军役与赋税相结合，这是周代财政的特点。

总之，夏商西周3个奴隶制王朝实行贡赋制，是赋税制度的雏形；而三朝的徭役，在一定意义上对朝廷建设和国防安全起到了不同程度的作用。

阅读链接

伊尹被称为"中华厨祖"。他在平民时就以才能和厨艺高超而名闻四方，商汤听说后，向他询问天下大事。

伊尹从烹调的技术要领和烹调理论，引出治国平天下的道理。他建议商汤要吸取夏代灭亡的教训，勤修德政，减轻人民的劳役，减少赋税额度，让百姓休养生息，发展生产。

商汤听后心悦诚服。后来，商汤尊伊尹为宰相，并在他的辅佐下，讨伐夏桀，建立了商朝。伊尹由此成为我国奴隶社会唯一的平民出身的圣人宰相。

春秋时期的税制

春秋时期的各国赋税制度改革，具有十分重大的意义：

一方面，随着春秋时期经济关系的新变化，促使奴隶制逐渐走向解体，这就为封建制度的相继出现奠定了物质基础，保护了新兴地主阶级的合法权益。

另一方面，改革成果标志着一种新的赋税制度正在形成。

■ 齐桓公雕像

■ 管仲（约前723年—前645年），名夷吾，谥曰"敬仲"，汉族，颍上人，史称管子。春秋时期齐国著名政治家、军事家，周穆王的后代。后经鲍叔牙力荐，为齐国丞相，后世称为"春秋第一相"，辅佐齐桓公成为春秋第一霸主，所以又说"管夷吾举于士"。

春秋时期，各诸侯国的社会经济显著发展，荒地大量开垦，私田数量不断地增加，收获量也快速增长，井田制开始崩溃。

井田制是奴隶社会朝廷财政收入的重要计算单位，井田制的废弛，标志着奴隶制开始瓦解。随着诸侯、卿大夫势力开始扩张，齐国、晋国、鲁国等国对朝廷财政提出了新的要求，分别对赋税制度进行改革，形成了春秋时期的税制改革浪潮。

春秋时期的赋税制度改革，首先在齐国进行。齐国是东方的一个大国。公元前685年，齐桓公即位，任用管仲改革内政。其中，属于田制、田赋方面的改革是实行"相地而衰征"。即根据土地好坏或远近分成若干等级，按等级征收田赋。

"相地而衰征"的意思是：按劳动力平均分配全部耕地，包括公田；在此基础上，实行按产量分成的实物地租制。总之，每亩土地的租额，按土地的好坏和产量的高低而有轻重的差别，就是"相地而衰征"的含义。

平均分配全部耕地就是把地分配给农户耕种，变

卿大夫 西周、春秋时国王及诸侯所分封的臣属。规定要服从君命，担任重要官职，辅助国君进行统治，并对国君有纳贡赋与服役的义务。一般情况下，卿的地位较大夫为高，卿的田邑较大夫为多，并掌握国政和统兵之权。在西周时期，属于第三的贵族，其非嫡长子是士大夫，为西周最低的贵族。

古代税赋

历代赋税与劳役制度

■ 记载关于相地而衰征的《管子》

《孙子兵法》
又称《孙武兵法》《吴孙子兵法》《孙子兵书》《孙武兵书》等，是世界上第一部军事著作，世界三大兵书之一，被誉为"兵学盛典"。它是我国古典汉族军事文化遗产中的璀璨瑰宝，是我国优秀文化传统的重要组成部分。

集体劳作为分散的一家一户的个体独立经营。分地以耕，农民深知产量的多少，直接关系到自己收入的多寡、家庭生活的好坏，故能由不情愿的被动劳动变为自觉劳动，大大激发了生产者的积极性、创造性和责任心。

按产量定地租，就是按土地质量测定粮食产量，把一部分收获物交给朝廷，其余部分留给生产者自己。据《孙子兵法》佚文《吴问》所记载的什伍租率，大概反映了齐国朝廷与农民"分货"的比例。也就是说，齐国农民所上缴的部分与所留部分都应各占一半。

管仲的做法是：按土地的肥瘠、水利的丰枯等条件给土地分等，从而确定租税额。比如，高旱地和低湿地的租税额要减去几成。

通常情况下的"常征"，就是按照标准土地的产量，按照对半分成的比例来计算租税额。但对于次等土地的租税额，就按标准土地的标准产量对半分成后，再从朝廷所得的一半中减去几成。这样征收租税，不论是丰年还是歉年，农民都会为多获的收入而自觉劳动。

"相地而衰征"以实物税代替了劳役税。劳役税是劳动者集体以无偿劳动的形式缴纳，农民没有生产积极性，更谈不上发挥创造性了。而由实物税取代劳役税，情形就不大一样了。

实物税是一家一户分别缴纳的，而且税额在一定时期内相对比较稳定，多产多得，耕作者为增加产量就会起早贪黑，尽力耕作。

齐国通过"相地而衰征"，使实际计缴的税款占相对应的应税销售收入的比例大体均等，从而调动了生产积极性，也有利于缓和阶级矛盾。

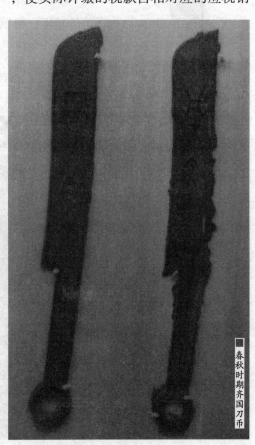

在齐国改革财政的同时，晋国也进行了改革。

公元前645年秦晋之间发生战争，晋惠公被俘。晋国在大臣的主持下"作爰田"，即把休耕地卖给大家，以获得民众的欢心，争取有更多的人服军役。这种办法，开创了以后按军功给田宅的先例。

公元前594年，鲁国正式推翻过去按井田征收赋税的旧制度，改行"初税

春秋时期齐国刀币

古代税赋

历代赋税与劳役制度

季康子 姬姓，李氏，名肥。谥康，史称"季康子"。春秋时期鲁国的正卿。季康子，事鲁哀公，此时鲁国公室衰弱，以季氏为首的三桓强盛，季氏宗主季康子位高权重，是当时鲁国的权臣。他能够分辨局势，让鲁国在强国的夹缝中顺利生存。

■ 鲁国赋税改革官员蜡像

亩"。即不分义田、私田，凡占有土地者均必须按亩缴纳土地税。

井田之外的私田，从此也开始纳税，税率都为产量的百分之十。与此同时，在认可了土地私有的前提下，凭借朝廷政治权力向土地所有者征收税赋。

鲁国"初税亩"改革，是夏商西周三代以来第一次承认私田的合法性，是一个很大的变化。"初税亩"的实行承认了土地的私有。也就是说，初税亩更接近于现代的税收。所以大多数研究者倾向于把鲁国的初税亩作为我国农业税征收的起点。

公元前590年，鲁国对军赋的征收也做了相应的改革，实行"作丘甲"。即一丘之田要出过去一甸之田的军赋，丘中之人各按所耕田数分摊。

公元前483年，鲁国季康子又实行"用田赋"，军赋全部按土地征发。

公元前538年，郑国实行"作丘赋"，即按田亩征发军赋，一丘出马一匹、牛3头。

公元前548年，楚国令尹子木对田制和军赋进行了整顿。根据收入的多少征集军赋，从而打破了奴隶社会旧军赋的限制。

■ 春秋时期楚国鬼脸钱

公元前408年，秦国实行相当于鲁国"初税亩"性质的"初租禾"，就是在法律上承认了土地占有者对所占土地拥有所有权，使大批占有私垦田地的地主和自耕农成为土地的合法主人。

春秋时期，各国在进行赋税制度改革的同时，也对交易方式进行了改革，对部分商品实行专卖。

在当时，随着农业的发展，手工业生产得到进一步扩大，也促进了商业的繁荣。据记载，郑国商人的足迹，南至楚，北至晋，东至齐，即是说，活动的范围包括黄河、长江流域；越国有大夫范蠡弃官经商，成为巨富，号称"陶朱公"。这时，商人的财力，能和诸侯分庭抗礼。

各国为了稳固统治，有必要限制贵族特权，平衡

子木 其名为屈建，世人尊称其子木。春秋时期楚国贵族。执政时对内改革楚国弊政，命司马蒍掩征收赋税，对楚国的肥沃土地实行井田制，根据人民的具体情况，规定征收数量，使楚康王后期呈现出一股复兴的热潮。

负担，减轻税负，主要目的还在于集中财力，富国强兵，以成霸业。所以在对田制、田赋征收进行改革的同时，一些重要物资的生产和经营也由朝廷控制起来。

■管仲塑像

春秋时期的专卖政策，以齐国管仲施行得最早，最彻底，也最有效。

对于盐铁实行专卖，管仲认为，食盐是日用必需品，一家3口人，一月需盐10升左右；经过粗略估算，万乘之国吃盐的人达千万，如果每升加两钱，一月可得6000万钱，这比征人口税多一倍，可见把盐管起来财政收益是十分大的。

而且，实行专卖，朝廷收入多而民不会受惊扰。如果用加税的方法，则会引起人们普遍不安，对朝廷安定反而不利。

■范蠡雕像

管仲认为：有效地控制对外贸易，不仅是获取高利，抑制豪商乘时牟利兼并的手段，同时也是保护本国财物不致外流的重要方法。

因此，齐国食盐专卖的具体做法，是民制与官制相结合。在农闲时节，朝廷命民制盐，由朝廷包收，储存。在农忙时节，农民转入农业生产。等到盐价上涨至10倍之时，再由朝廷运到梁、赵、宋、卫等不产盐之国去销售，则朝廷获利丰厚。

铁也是人们的生活必需品，管仲设想：每根针加价一钱，30根针加价的收入就可等于一个人一个月的口税；一把剪刀加6钱，5把剪刀的收入也等于一个人的人口税；如果一个铁制耜农具加价10钱，则3个耜的收入等于一个人的人口税。以此相论，管仲认为，专卖利益胜于课税。

■ 耕种用的耤犁

管仲认为五谷不仅是人们生活不可缺少的东西，在社会经济中，还占着支配地位。所以，管仲主张朝廷应通过征税、预购等方式掌握大量的谷物，借以作为财政收入的重要来源。

对于山林出产的木材，包括薪炭林和建筑用材林，管仲也主张由朝廷进行控制，因为山林薮泽是国有的。通过定期开放，限制采用，征收税收，从而达到增加财政收入的目的。

为了壮大本国经济实力，管仲对食盐、黄金、谷物等重要物品，也主张由朝廷控制，等这些物价上涨后，然后抛售出去，坐取几倍的厚利。

为了保证专卖政策的推行，朝廷下令禁止随意开采资源。对违禁者，规定了很重的惩罚措施。

他通过推行"官山海"的政

■ 先秦时期的农具

■ 春秋时期铜锄

策，即设官管理山海及其他重要物资，使朝廷掌握了人们生活的必需品，使财政收入有了稳定、可靠的来源。

朝廷掌握了具有战略意义的粮食和盐、铁，不仅打击了富商大贾投机兼并活动，维护了统治阶级的利益；同时为齐国加强军备、称霸诸侯奠定了物质基础。

上述这些改革充分说明，奴隶社会的赋税制度，已不适应社会生产力发展的需要，它在各国已经开始崩溃。朝廷承认土地私有，新的生产关系的形成，井田制的开始崩溃，意味着在奴隶制度上打开了一个缺口。随着新的封建生产关系的形成，一种新的、适合封建生产关系需要的朝廷赋税制度开始形成。

阅读链接

齐国大夫鲍叔牙和管仲的友情很深。

管仲曾经表述过：

我曾和鲍叔牙一起做生意，分钱财，自己多拿，鲍叔牙却不认为我贪财，他知道我贫穷啊！我曾经多次做官，多次被国君辞退，鲍叔牙不认为我没有才能，他知道我没有遇到时机。我曾经多次作战，多次逃跑，鲍叔牙不认为我胆怯，他知道我家里有老母亲。我曾经被囚受辱，鲍叔牙不认为我不懂得羞耻，他知道我不以小节为羞，而是以功名没有显露于天下为耻。生我的是父母，最了解我的是鲍叔牙！

战国时期的税制

战国时期农业和手工业的发展，要求在更大范围内，承认私田的合法性，允许土地自由转让和买卖。

耕作技术的推广和应用，不仅是农用动力的一次革命，而且有助于农业劳动力的解放，同时提高了耕作效率。

战国时期的变法，改变了旧的征税办法，整顿了赋税制度，增加了朝廷税收收入，为各国壮大实力参与群雄竞争打下了良好的基础。

■春秋战国时期运粮画像砖

战国时期各诸侯国变法运动的主要措施，往往都是与社会其他方面特别是经济方面的改革同时进行的，而赋税改革始终处在整个社会改革的核心位置。

如废井田与土地租税制度的建立，以及重农抑商政策的目的与商业手段融为一体，都属于赋税范畴，充分体现了各国朝廷的税收意图，含有赋税改革的内容。

战国时期，各国赋税制度不一，不能一概而论。当时参与赋税制度改革的，有魏国、楚国、秦国、赵国等诸侯国。各国的改革各有成就，也各有特色，在我国赋税史上书写了一段非凡的篇章。

魏国在魏文侯即位后，先后任用李悝、翟璜、乐羊、西门豹、卜子复和段木干等一批封建政治家、思想家进行社会改革。其中，比较突出的是公元前406年李悝所进行的改革。

李悝提出的主要经济政策有："废沟洫""尽地力""善平籴"。这3项政策与赋税的关系最大。

"废沟洫"，就是废除井田制，实行土地私有制，将土地分给农民耕种。

确立土地私有制之后，李悝开始"尽地力"。具体来讲，就是朝廷依据土地的肥瘠程度，按等级把土地分配给农民，每个农民可分好田100亩或次田200

古代税赋

历代赋税与劳役制度

■ 李悝（前455年—前395年），嬴姓，李氏，名悝，战国时魏国人，战国时期著名的政治家，法家代表人物。他任魏文侯相时，主持变法。选贤任能，赏罚严明。主张废止世袭贵族特权。经济上，主要实行"尽地力""善平籴"。并汇集各国刑典，著成《法经》一书。

亩，授田的农民要向朝廷缴税，负担劳役。

李悝认为，通过勤劳种田，能使一亩地增产3斗粮食，百里见方的地区就可增产粮食180万石。这是一个十分好的措施。他还发展农田水利事业，改进耕作技术，以充分调动劳动者积极性。

这样，土地潜力得到挖掘，农业发展了，以农为本的朝廷赋税随之增加，朝廷财政也就充裕了。因此，他要求农民努力耕作。

李悝还专门设置农官教育和监督农民种田，对增产的人进行奖赏，对减产的人进行处罚。

由于土地私有的出现，也造成了贫富不均的情形。这主要是商品货币关系的发展，商人对粮食操纵的必然结果。商人操纵粮食的方法是贱价向农民买入，高价卖给人民，因而伤害了农民的生产积极性，农民产生了不愿意再耕作的思想。

因此，李悝又实行了一种"善平籴"。即由朝廷

农官 由朝廷设置专职官员以督课农桑。战国时期与农相关的朝廷两大财政机构创设有：秦、赵两国的"内史"和韩国的"少府"、秦国的"少内"等机构。它们分别负责田地租税征收，以供官吏及朝廷开支；山川、关市之税，以给天子、宗室享用。

■ 春秋战国布币

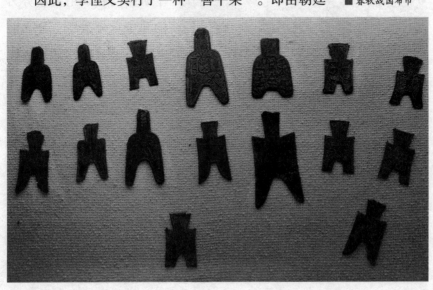

价格杠杆 指朝廷通过一定的政策和措施促使市场价格发生一些变化，从而来引导和控制经济运行的手段。调节和控制社会经济活动的杠杆很多，而价格杠杆、税收杠杆和信贷杠杆是最为重要的三大杠杆，其中价格杠杆更居重要的地位。

控制市场，防止粮价受价格波动的影响。

"善平籴"的做法是：把好年成分为上中下3等，灾年成也分为上中下3等。

丰收年按年成的丰收情况，朝廷收购多余的粮食。歉收年则按歉收的程度，朝廷拿出收购的粮食平价卖出。上等歉收年卖上等丰收年收购的粮食，中等歉收年卖中等丰收年收购的粮食，下等歉收年卖下等丰收年收购的粮食。这样，遇到饥馑之年，商人也不能抬高粮价了，农民也就有心思继续耕作了。

我国古人很早就懂得利用价格杠杆进行宏观调控。李悝的"善平籴"取得了很好的效果，使魏国的经济得到迅速发展，政权得以巩固，成为战国初年最强盛的朝廷。

在楚国，旧贵族势力较大，在改革过程中，地主阶级同奴隶主贵族势力的斗争十分激烈。公元前383年，楚王下令求贤，执行变法。公元前390年左右，吴起由魏入楚，主持变法。

■ 秦孝公（前381年—前338年），战国时秦国国君。姓嬴，名渠梁。秦献公之子。在位期间，秦孝公重用商鞅实行变法，奖励耕战，并迁都咸阳，建立县制行政，开阡陌，在加强中央集权的同时，不断增进农业生产。对外，秦与楚和亲，与韩订约，联齐、赵攻魏安邑，拓地至洛水以东，自此国力日强，为秦统一中国奠定了基础。

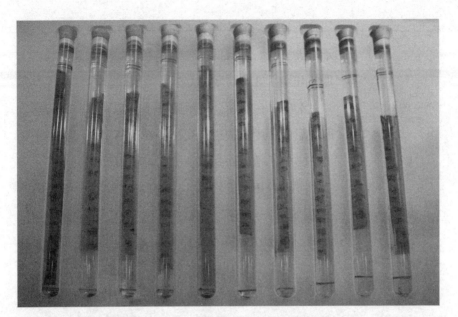

■ 战国时期的楚简

　　楚国的赋税制度，主要包括军赋、田税、地租、户口税和关市税等几种形式。

　　军赋以加强朝廷军事实力为目的；田赋则以增强朝廷经济实力为旨归；地租制度一开始便与中原诸夏不尽相同，至战国中期，已成为新兴地主阶级向农民转嫁自己沉重赋税负荷的重要手段；户口税是以户为征税单位，以口为收税标准；关市税的特点是向巨商大贾倾斜，这是楚国为刺激商品经济的发展而采取的让利政策。

　　当时的楚国，由于贵族掌握了朝廷的政治经济大权，对新兴地主阶级十分不利，为此，吴起强令把贵族迁到边远地方去，以充实荒远之地。他还提出"损有余，补不足"的措施，节省和合理分配国库资财。

　　"损有余"是革除一些世袭封君的特权，精简朝廷机构，把无能的、无用的和不急需的官裁减掉；

吴起 生于卫国左氏，即今山东定陶，战国初期著名的政治改革家，卓越的军事家、统帅。兵家代表人物。在内政、军事上都有极高的成就，仕鲁时曾击退齐国的入侵；仕魏时屡次破秦，成就魏文侯的霸业；仕楚时主持改革，史称"吴起变法"。

"补不足"是把节省下来的钱用于扶植地主阶级。至于迁徙贵族，既收回了他们原有的封地，又有利于土地的开发，这对财政有好处。

秦国早在秦简公时就实行了"初租禾"，秦孝公即位后，任用商鞅进行变法。在改革中，商鞅的主要经济措施就是废除井田和奖励耕织的政策。

"废井田、开阡陌"是商鞅在经济上推行的重大举措。"开阡陌"就是把标志土地国有的阡陌标记去掉，废除奴隶制土地国有制，实行土地私有制。从法律上废除了井田制度。

这项法令规定，允许人们开荒，土地可以自由买卖，赋税则按照各人所占土地的多少来平均负担。此后秦朝廷虽仍拥有一些国有土地，如无主荒田、川泽及新占他国土地等，但后来又陆续转向私有。这样就打破奴隶制的生产关系，促进了封建经济的发展。

商鞅推行重农抑商的政策。这一政策规定，生产粮食和布帛多的，可免除本人劳役和赋税。因弃本求末，或游手好闲而贫穷者，全家罚为官奴。商鞅还招募无地农民到秦国开荒。

为鼓励小农经济，商鞅还推行小家庭政策。规定凡

■ 商鞅雕像

一户有两个儿子，到了成人年龄必须分家，独立谋生，否则要出双倍赋税，禁止父亲与成年的孩子继续在一起生活。这些政策对增殖人口，征发徭役和户口税，巩固封建统治的经济基础都有重要意义。

■ 商鞅变法制定的青铜方升

商鞅还把山林川泽收归朝廷所有，按土地多少征收赋税，按人口征税，增加了朝廷的经济实力；按人口征兵，也有利于建立朝廷武装力量。

此外，为了便于经济交流和便于朝廷征税，商鞅还统一度量衡的标准。商鞅变法为秦朝最后统一奠定了基础。

与秦国商鞅变法后实行重农抑商的政策不同，赵国一贯推行农工商并重的政策，允许民营工商业的发展，允许集市贸易的开设，朝廷则依法收取工商税。这样，既活跃了市场，发展了经济，朝廷也可充实府库，积累财富。

赵国在军队驻扎的地方还设立"军市"，任民买卖而收取租税。军市上征收的市租可供军官与军队享用，士兵可以在军市上买到生活日用品，同时对军市也有管理的种种规定。

为了贯彻实施经济政策，赵惠文王任命赵奢为田

商鞅 姬姓公孙氏，又称卫鞅、公孙鞅。战国时期卫国人，卫国国君的后裔，后因在河西之战中立功获封于商十五邑，号为商君，故称之为商鞅。战国时期政治家、改革家、思想家，与韩非等人并为法家代表人物。商鞅通过变法改革将秦国改造成富裕强大之国，史称"商鞅变法"。

部吏，就是负责收取农业租税的官员，以整治某些宗室贵族倚仗权势不缴租税的腐败状况。

踌躇满志的赵奢不断大刀阔斧推行税制改革，杜绝大户的各种偷漏行为，减免一般百姓苛捐杂税，几年工夫，使赵国出现了民众富庶国库殷实的喜人局面，并跻身"战国七雄"的行列。

事实上，战国时期各国财政改革对公室贵族等守旧势力的打击很直接又沉重，打击越是直接沉重，旧势力的仇恨反扑越厉害。比较严重的是商鞅改革时遇到的阻力。

在当时，正当大批秦国百姓聚众国都质疑商鞅新法的紧要关头，当时的秦国太子嬴驷在其老师公子虔和公孙贾及旧贵族甘龙爪牙的鼓动纵容下犯了法。这件事不仅是蓄意的，而且明显极富挑衅，被新法触犯了既得利益的旧势力希望借此给商鞅施加压力，使其退却。

事态很严重，商鞅即刻准备处罚太子，但太子的君王后嗣，不可施刑。于是，商鞅便惩罚了太子的老师公子虔和公孙贾。

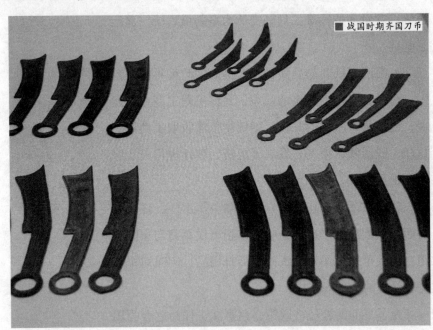
■ 战国时期齐国刀币

这件事说明新旧两派已进入"火拼"阶段，太子背后的旧势力不惜让太子以身试法，可见旧势力的强大和孤注一掷。但商鞅不惜与太子结仇，不避权贵实行铁腕严刑镇压，震慑了朝廷权贵和秦国百姓。这件事平息下去，各处反对派旧势力都不敢触犯新法了。

纵观战国时期各国变法的方方面面，都会通过赋税的征收、力役的负担、朝廷资源的管理、军费和俸禄的供给，甚至物资的流通和价格的调整等反映到财政上来。

因此，赋税改革必然成为各朝各代朝廷图新图强的核心改革。而改革家们那种锐意改革的精神，成为我国古代赋税改革留给我们的宝贵精神财富。

■ 《吕氏春秋》关于赋税制度改革的记载

甘龙 秦孝公时秦国的世族名臣。甘龙先上大夫而后太师，是实际上的世族领袖与复辟势力的轴心人物，是整个变法新锐势力的最大政敌。

阅读链接

赵奢是战国时期赵国依法治税的典范。

他被赵惠文王任命为负责收税的官员后，上任不久就发现赵国老百姓的税都能很快收上来，但豪族巨富们偷税漏税的问题却很严重。于是，赵奢与他们展开了针锋相对的斗争。

有一次赵奢到一个富户家去收税，管事的家人仗着主子的大名，硬是不肯缴税，还指挥一帮人和赵奢他们对抗起来。赵奢及时依法进行了处置，并处死了带头闹事的家人。从此以后，赵国的税赋公正合理，适时按量收缴，谁也不敢抗税了。

先秦时期的徭役征发

　　我国古代的徭役就是无偿为朝廷劳动，这是封建社会国民进行义务的一种，它包括力役和兵役两个方面。

　　在先秦时期，力役和战争是普遍存在的社会现实。力役在朝廷基础设施建设和维护国内秩序等方面，发挥了重要作用。

　　在弱肉强食的激烈战争中，国不富则无称雄之本，兵不强则无争霸之力。因此，这二者是相互促进的。

■ 先秦时期诸侯朝觐图

■ 秦始皇视察秦陵
工程的蜡像

　　"力役"一词最早见于《孟子·尽心下》的"力役之征"。狭义的力役就是指正常征发的劳役和戍边，广义的力役还包括刑徒、罪犯等所服的劳役。力役是先秦时期取民之力的统称，是征发众庶所服的无偿劳役。

　　先秦时期，力役的范围包括筑城修路、开河筑堤、运输物资等大规模基础设施建设，此外还有田猎、追捕盗贼、丧葬、祭祀等杂役，用以维护社会生活秩序。

　　综合先秦时期文献记载，力役之法有以下规定：

　　在人数方面，一家有7人则3人服力役；如果是6人之家，则由两个6口之家合出5人服力役；5人则两人服力役。大规模征发力役时，每家只征一人，其他人为余夫，也就是用作预备。田猎或追捕盗贼时，则

田猎　本义是狩猎；捕捉野生鸟兽。从夏、商开始，田猎的作用，依文献所说有下列各项：一是为田除害，保护农作物不受禽兽的糟蹋；二是供给宗庙祭祀；三是为了驱驰车马，弯弓骑射，兴师动众，进行军事训练。最后，田猎所获山珍野味也用于宴飨宾客及"充君之庖"。

凡属服力役的人要全部出动。

在年龄方面，居住在都城内的"国人"自20岁至60岁需服力役，远离都城居住的"野人"自15岁至65岁需服力役。

在时间方面，力役的日数因年岁而定。一般来说，青年三日，中年两日，老年一日，灾荒瘟疫之年则免除力役。

按照养老、携幼、恤孤的原则，先秦对力役也有减免的规定。据《管子》记载说，如果一家有70岁以上的老人，可以免除一个男子服力役；如果有80岁的老人，可以免除两个男子服力役。

■ 古代士兵的甲胄

如果当兵的人在战场上阵亡留下遗孤，有人愿意养活一个孤儿的话，可以免除一个人的力役和兵役；如果养活两个孤儿的话，可以免除两个人的力役和兵役；如果养活三个孤儿的话，全家人都可以免除力役和兵役。

先秦时期，由于战争的频繁，各诸侯国开始设置常备兵制度，其主要任务是为朝廷驻守边境。特别是随着郡县的设置，建立了郡县兵役制度，切实保证了兵力的人数。郡县征兵制，就是以郡县为单位的征兵制度。

春秋时期，各级贵族都有宗族成员和亲属人员所

车战 在我国古代商周时期，两军战斗时主要以车战为主，此时的战车兵成为军队的主力兵种，以一乘战车和其附属的徒步的士兵为一个基本作战单位。而计算各诸侯国的军事实力，也常常以战车为计算单位。真正意义上的车战历史一般从夏朝开始计算，春秋战国时期有了进一步发展。

组成的军队。不但诸侯国的国君是这样，卿大夫也是这样。当时各国对外作战中，以贵族军队为骨干，而征发国人作为车战的主力。

至春秋、战国之交，由于农田制度的变革，国人和庶民先后转化为自耕小农，这种自耕小农就成为各国军队的主力。各国为了争取在兼并战争中的胜利，就普遍地实行征兵制度。

至战国时期，随着郡县制度的建立和军队以农民为主要成分，各国就实行以郡县为单位的征兵制度。旧的军事组织在瓦解分裂，而新的军事组织，即郡县的军事组织却在不断地生长和发展。

战国时各国在战争时征兵，大都以郡为单位，例如《史记·仲尼弟子列传》中记载，公元前483年，

郡县制 我国古代继宗法分封制度之后出现的以郡统县的两级地方行政制度。盛行于秦汉。郡县制是古代中央集权制在地方政权上的体现，它形成于战国时期。县令为一县之长，由国君任免。县之下有乡、里等作为国家对居民进行控制的基层组织单位。郡的设置较县晚。

■ 先秦时期的钱币

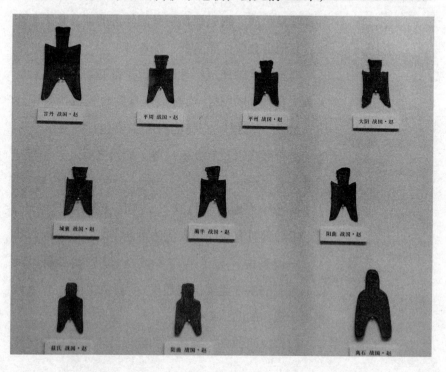

■ 战国时期陶器

吴王夫差曾征发九郡兵伐齐；公元前240年，赵将庆舍曾统率"东阳、河外师"守河桥；公元前235年，秦王嬴政曾征发四郡兵助魏攻楚。

战国征兵工作是建立在郡县制上的，朝廷在各个郡县中按户轮流征发壮丁服兵役，各国为了兵役数量，往往规定男子成年就必须单独立户。原则上，征兵时不会征发家中所有男丁。

如果遇有大战，往往征发全国范围内郡县中的壮丁，倾国以赴。若是小战，则只征发与敌国邻近的郡县壮丁去作战。其他郡县就休养生息，以备将来。

郡县征兵制规定：凡成年男子都必须承担当兵的义务。男子到17岁，均必须亲自到政权机构登记注册，称为"傅籍"。登记内容主要包括：姓名、年龄、是否残疾以及有无疾病等。傅籍之后，男子即开始准备服兵役。

据《睡虎地秦墓竹简》，实际上男子15岁就傅籍，以后随时有被征调入伍的可能。

一般来说，男子从17岁或身长5尺就需要服兵役，直至60岁才能退出服兵役行列。战国时一尺大致相当于现在的0.23米左右。

应该说明的是，服兵役的期限并不是从17岁持续至60岁，而是服役一段时间就回家，所有适役男子轮流服役。战国时期沿袭春秋时期惯例，士兵戍边服兵役时间是一年。在这种制度下，朝廷因为战争升级的需要，往往通过法律手段延长服兵役期限。

战国时期兵役对象以青壮年为主。服兵役的人除了农民以外，也包括一部分低级官吏，这要根据具体需要而定。

值得一说的是，战国时期户籍制度是跟兵役制度密切相连，征兵是依据户口而来的，一个户口就意味着一份田地，一份兵役义务。但守门人、商人、入赘女家的人等，这几类人不得拥有田地，也没有户口。

在战国早期他们也不用服兵役，但在战国后期，因为战争的升级，朝廷又制定了法令，规定这几类人没有田地也必须无条件服兵役。

夫差 又称吴王姬夫差，阖闾之子。春秋时期吴国末代国君，公元前495年至公元前473年在位。他在位期间，开凿邗沟，发展长江下游，又破越败齐。后在黄池大会诸侯，并与晋争霸，最终夺得霸主地位。

■ 先秦时期的战争场面蜡像

战争时期的特殊服兵役者还有妇女老弱。妇女老弱的服兵役主要是在防御战时，尤其是守城战。他们负责烹煮食物供应士兵，修茸城防，对城外实行坚壁清野，将可吃的，可用的带进城，饲养猪、牛、羊以为军粮储备，当城池危急时还要上城参加战斗。

服兵役标准有两种，分别是年龄标准和身高标准。《战国策·楚策二》中记载，楚国大司马昭常防守在楚的东地时，曾征用"悉五尺至六十"的兵丁。

这里的"五尺"显然是身材不高的少年；"六十"指60岁年纪的人。这个服兵役标准比春秋时期要降低很多。西周时男子以"身长七尺"为成年标准，高于此标准才开始服役，楚国降低标准显示出在战国时期楚国兵役对象已经降低至青少年，这其实也反映出当时战争的激烈。

在选拔过程中，有的诸侯国采用考选，招募勇士的办法作为组建军队的一种方式。魏国考选"武卒"很严，要全副武装，带3天的粮食，半日内跑50千米。中试者免除其家庭的赋税，还分给好的田宅。这样招募来的兵员具有相当优秀的素质条件。这种招募兵员的方法可视为募兵制的滥觞。

阅读链接

秦国经过商鞅变法后，国力更加强盛，在军事制度方面实行按郡县征兵，完善了军队组织，提高了军队战斗力，士卒勇猛，车骑雄盛，远非其他六国可比。

秦王嬴政时，在军事策略上改变了劳师远征而经常失利的战略，采用范雎远交近攻的策略，逐渐蚕食并巩固其占领地区，实行有效占领。

秦国相继攻占领土包括今陕西省大部，山西省中南部，河南省西部，湖北省西部，湖南省西北部和四川省东北部的广大地区。秦国这种优越的战略优势为统一六国打下了基础。

秦汉至隋唐是我国历史上的中古时期。这一时期，是古代中国各项制度创立的重要时期。在国家统一，南北经济交流频繁的情况下，从秦汉建立的系统的赋税制度，至三国两晋南北朝时期朝廷推行的有利于发展经济和巩固政权的赋税制度，充分体现了各个王朝的财政思想和治国方略。

这些赋役制度的建立，有利于开垦荒地，保障了朝廷赋税收入，巩固了政权，是我国赋税制度的重大改革和进步。

中古时期
赋役成制

秦代完整的赋役制度

秦始皇统一天下后，为了巩固朝廷的统一，采取了一系列重大措施，来健全和巩固新建的政权。其中重要的一项措施，就是在原有赋税制度的基础上，对赋税制度进行改进。

秦代建立的赋税徭役并行制，是以田租、口赋和其他杂税为三大支柱，并辅以徭役制度等，共同构成了完整的秦代赋役制度。这一制度的确立，对当时和后世产生了十分深远影响。

■ 秦始皇画像

随着社会生产力发展和地主制经济确立，早在战国时期，各国就已普遍实行了田租税的征收。

秦代的赋税制度改革始于秦简公时的"初租禾"制度，至商鞅变法时，已有"田租""口赋"的名称。所以汉朝的董仲舒在追述商鞅之制时，已是"田租、口赋"并提。

■ 古代农耕灌溉图

秦的田租之制，就是以田亩为依据的土地税。秦代的土地制度，虽然经过商鞅变法，使封建地主土地私有制加以法典化。但是，当时的国有土地仍然占着相当大的比重。

对此，秦代采取了3种具体做法：一是酌量农民一年收获粮粟的多少来确定田租的租额；二是以"百亩"为征收田租的一个计算标准，也就是说，朝廷在征收田租时，是以一户有田百亩进行计征的；三是以一户有田百亩的假设，按每户征收。

后一种做法其实就是"户赋"。因为它虽然是基于"地"，但又与"户"有关。田亩是约数，人户是实数。那些有田百亩的人，固然要按亩纳租。而不够百亩田的农户，同样要交顷田之租。

因为在这以前，朝廷控制的人口越来越少，而朝廷的财政支出越来越大，不得不对其控制的有限人口

董仲舒 汉代广川郡，今河北景县人。汉代思想家、哲学家、政治家、教育家。重要的理论建树"三纲五常""大一统""天人感应"等，为后世封建统治者提供了统治的理论基础。

■ 秦铜权 铜权，相当于现在的秤砣。权，即秤锤，又叫秤铊，与衡相佐，也就是称重量之用，即衡器。这个铜权呈十七棱面，空心，权身刻有铭文。秦铜权是秦统一全国后推行货币、度量、文字等制度的物证，也是秦统一中国以后，国家度量衡的标准器物。

加重赋税。

当时的田租税率和征收办法，据《汉书·食货志》上说，是"收泰半之赋"。"泰半"的意思就是三分取其二。"赋"的意思当是指田租而非口赋，因为只有田租的征收才有按田亩产量计算出来的"泰半"的比例，其他租税是无所谓"泰半"的。

与田租并行的还有刍稿税。刍稿一般指喂养牲畜的草饲料，刍为牧草，稿为禾秆，均为供马、牛饲料之用。刍稿之征，不始秦汉，先秦之时已有。刍稿税是基于人户和田亩征收的。秦代已经开始征收刍稿税。

秦代刍稿的征收一般以束或重量单位计算。大约刍每束值1.5钱至3钱，稿每束值一两钱。刍稿税可用钱折纳。当时谷价每斛值100钱，照此推算，当时政权所征收的田租与刍稿税之比约为50∶1。

在当时，秦代的刍稿税也是按照"授田"数量征收的，不论垦种与否都得缴纳；征收的数量是每顷田交刍3石，稿两石；采用实物缴纳，凡干叶和乱草够一束以上者，均可作为"刍"税提交，但上缴时必须过秤，以重量计算。

租谷及刍稿征收后，必须入仓并及时向县衙门报告粮草的石数，并有严格的"出入仓"规定等。

农业是封建社会的主要生产部门，秦代朝廷向土地占有者包括地主和自耕农征收的田租，是当时赋税收入的最主要部分。

秦的口赋之制，就是以人口为课税对象的赋税，又叫"头会"。因为"赋"是按人口征收，所以它本质上是人口税或人头税。

商鞅创设口赋的原因，一方面，是出自当时的政治形势。商鞅的变法，建立起了一套官僚机制，使得朝廷的运行费用大大增加，而且所实行的郡县制，使得原来属于诸侯的行政费用开支，一下子成为朝廷的开支。再加上当时的军事形势，军费开支定会越来越大，所以商鞅不但没有放弃田赋，而且还加上了人头税，以此增加财源。

另一方面，是出自经济上的政策。按人口收税，无论农民或工商业者，都得同样负担，这就扩大了朝廷的财政收入，为政权的巩固奠定物质基础。

秦代口赋的征收形式，一般为朝廷不收谷只收钱。在少数民族地区，口赋征收可以用谷和布帛折纳，但还是以钱计算，而内地则一律口赋纳钱。

这一政策的制定，是因为朝廷需要大量储备粮食，还有像布帛这样的战略物资。从这一点看，谷和布帛应该可以直接缴纳。

秦代除了田租和口赋，还有其他的杂税，包括关市税、商品税和山海池泽之税等。这些税收制度的建立，使得秦代的税制更加完善了，也起到了维护朝廷利益的作用。

秦代关市税中的"关"，为关口要道。设"关"之制，早在先秦文献中已有

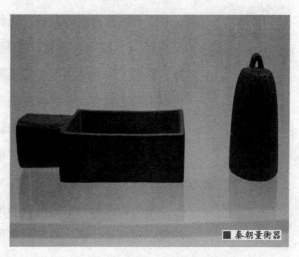

■ 秦朝量衡器

很多记载。设"关"的作用，开初主要是讯察、稽查行旅，后来便逐渐有了关税之征。

据《汉书·地理志》：秦时的关卡主要设在内地的关口要塞和周边各族的交界地区。当时在各地设置关卡，既有其政治、军事上的意义；同时也有其控制商贾、征收关税的经济目的。

■ 秦朝竹简《秦律十八种》

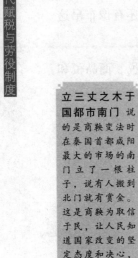

立三丈之木于国都市南门 说的是商鞅变法时在秦国首都咸阳最大的市场的南门立了一根柱子，说有人搬到北门就有赏金。这是商鞅为取信于民，让人民知道国家改变的坚定态度和决心，是说话算话的。以此取得百姓的支持和配合，为变法做准备。

秦代在商鞅变法时，就有关税的规定。此外，云梦秦简的《秦律十八种》中还有专门的"关市"律。秦代征收关税已成制度。

秦代关市税中的"市"，在秦孝公迁都咸阳时，就在这里设置了固定市场，所以才有商鞅"立三丈之木于国都市南门"之说。

随着民营商业的发展，征收市井之税就出现了。《商君书·垦令》还有"市利之租必重"的立法精神。所谓"市利之租"，实可简称为"市租"。可见"市租"之制实始于秦国商鞅变法之时。

结合秦时存在严格的市场管理以及商贾另立"市籍"等措施来看，秦时确有"市租"的征收，而且是课之于商贾的贸易税。

秦代的商品税是以商贾和他们的货物为课税对象的税，包括盐、铁、酒、肉之税。

据史料考察，早在秦穆公时期，对盐商的课税就开始了，只是未及于所有商品，只限于盐、铁、酒、肉等民用所必需的商品。至商鞅变法时，商品税的征收，已扩大到了酒、肉、铁等商品。

《商君书·垦令》记载："贵酒、肉之价，重其租，令十倍其朴。"这不仅表明酒、肉等商品已有"租"，而且其租重到10倍于其成本。其目的在于减少商贾从事酒、肉贸易的量和使农民不宜饮酒作乐，借以发展农业。

除酒、肉外，还有对铁的课税。秦惠王时，命人在现在的成都"置盐、铁市官及长丞"。《史记》作者司马迁之祖司马昌，曾为秦代铁官。这些事实，说明秦已有官营盐、铁之制，不仅课取盐、铁的商品税而已。

秦代的山海池泽之税，包括范围极广。由于奴隶社会普遍实行国有土地制，至秦代国有土地制虽在逐步崩溃之中，但还有相当残留。因此，"山海池泽"，一般被视为封建朝廷所有。

所谓山泽之利就其广义而言，凡名山大泽的土特产、木材、鱼类、飞禽走兽以及地下矿藏如盐、铁等都包括在内。但狭义而言，则仅指入山伐

■ 秦朝时期的陶仓

木、采薪、放牧及下水捕鱼、采珠之类。因此，山海池泽之税可以简称为"渔采畜牧税"。

秦时史籍，没有说明山海池泽之税的具体内容及征收方法和税率等。云梦秦简的《田律》规定，百姓不准砍伐山林，不许采取植物的嫩芽和不准捕捉幼兽、幼鸟及毒杀鱼鳖、捕杀鸟兽，也许正是为了征收山海池泽之税。

秦代的杂税也是税收的重要部分。随着秦代农业和手工业的发展，商业的兴起和社会的繁荣，杂税收入在朝廷赋税收入中日趋重要，也是朝廷赋税最主要的来源。

秦代徭役有更卒、正卒和戍卒。更卒即为服徭役有一定期限，到期更换，原服役者止役。更卒徭役，法定服役时间为每年一个月，服役地点为本郡县，主要从事修筑工程。诸如修筑城垣、修筑驰道、整治河渠、营缮宫苑、修筑陵寝等。

正卒是相对更卒和戍卒而言的。更卒一月而更，本县应役，戍卒则在边境地区。秦代服于郡国或京师的兵役，称正卒，它是在服更卒3

年后起役，服役期两年。

正卒兵种有"材官"即步兵、"骑士"即骑兵、"楼船"即水兵，凡正卒应役材官、骑士和楼船，一年服役期满，即予除役，以待征发或为卫士，或去戍边，这没有时间限制，战争结束才可除役。

戍卒即为守卫边境。戍边徭役源于春秋时期，当时规定期限为一年。秦代对戍卒制度有所改进。戍卒的任务除了驻守边疆，还服役于烽燧、亭候、邮驿等。

根据云梦秦简的记载，秦帝国的徭役政策，不是人们想象的那样黑暗无道。老百姓服徭役并不是当牛做马，挨打受骂。

当时服徭役是有工钱的，有的徭役朝廷管饭。据云梦秦简所载的《秦律·司空》规定：有罪被判处罚款的人，或欠朝廷债务无力偿还的，以徭役抵债的，

驰道 是我国历史上最早的"国道"，始于秦朝。公元前221年秦始皇统一六国后，就下令修筑以咸阳为中心的、通往全国各地的驰道。著名的驰道有9条，有出今高陵通上郡的上郡道，过黄河通山西的临晋道，出函谷关通河南、河北、山东的东方道。

■ 秦朝推行法令的场景

■ 秦朝人物蜡像

城旦春 秦汉时强制男犯筑城女犯春米的刑罚。有时与其他刑罚结合使用，如髡城旦春、髡钳城旦春等。至东汉时，"城旦"不止筑城一事。晋代以后此刑再无所闻。至北周时，将强制犯人服役的刑罚定名为"徒"，一直沿用至清代。

每劳动一天折8钱。需要由朝廷提供食物的，每劳动一天抵6钱。在朝廷服徭役依律由朝廷提供食物，男子每天三分之一斗，女子每天四分之一斗。

徭役的工钱也可以折合成粮食。男人和女人为朝廷服徭役，男人每月发粮食两石，女人每月发粮食1.5石。如果从事劳动终止则停发。身高不足6.5尺的男人，每月发粮食1.5石；因伤病等原因暂时不能劳动，粮食减至一石。

《秦律·司空》规定，凡参加城旦春劳动的，按城旦春标准给予衣食。隶臣有妻妾而且为自由人的，应自备衣服。奴隶被拘从事城旦春劳作的，由朝廷借予衣食。劳作时日未满而死，注销其衣食不必偿还。

《秦律·金布律》对发放衣服的主管部门作出了规定：在咸阳服徭役的，凭券向大内领取衣服。在其他县服徭役的，凭券向所在县领取衣服。大内和县按照所属机构发放的票券，依律发放衣服。

《秦律·戍律》规定，一家不能同时征调两人服徭役。主管此事的县啬夫、县尉以及士吏，如果不按照律法规定同时征调两人服徭役，一律罚款。

《秦律·工人程》规定，隶臣、下吏、参与城旦春的人和制造器具的工匠，冬季减轻工作量，3天只需完成夏天两日的工作量。

《秦律·司空》规定，犯罪被判罚款而以徭役偿还的，在播种和管理禾苗时节，需放假20天务农。

《秦律》规定，没有母亲的婴幼儿，每月发粮食0.5石。虽然有母亲，但母亲在朝廷从事零散的杂役，婴幼儿无人照料而跟随母亲的，每月发粮食0.5石。

《秦律·工人程》规定，服徭役时，男子的工钱高于女人25%，但是女人在做针织等女人专长的工作时，每工作一天和男人工钱一样。

啬夫 我国古代封建社会官职名称。传为周司空的属官。《韩非子·说林下》中记载，晋国县邑中的啬夫，有权没收出亡者的财物。战国时各国均有此官，县啬夫与县丞等并举，地位近似。秦有县啬夫、乡啬夫、亭啬夫，汉只在乡设啬夫，以听讼、收赋税为职务。

045

■秦朝兵马俑

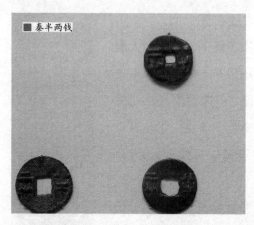
秦半两钱

上述文字是云梦秦简中有关百姓服徭役的记载，虽然不全面，但是能够起到窥视一斑的效果。

无论是服徭役的百姓，还是以徭役抵债的欠债人或罪犯，至少法律规定，朝廷必须保证他们的温饱。

如果是一个月两石粮食的工钱，应该说在那个物质缺乏的时代，是相当丰厚了。

在农闲时节承担部分徭役，既可以省下家里的粮食，又能有所收益，至少不是像有些人说的那样"下地狱"。

总之，秦代完整的赋役制度，包括货物流通、商贾贸易、生产资料、生活资料、渔采畜牧及每个人的人身，都在课税之列。

这一制度的建立和制定，具有划时代的社会意义。不仅保障了秦帝国物质基础，也对后世赋税制度的进一步完善和发挥作用产生了深远影响。

阅读链接

秦始皇统一天下后，很快推行了一整套维护统一封建帝国的改革措施，对政治、经济、文化的统一和发展起到了巨大的作用。

他认为必须由皇帝来掌握全国的政权，不能再像西周那样分封诸侯，致使最后朝廷无法控制。

于是他废除了自殷、周以来的分封制，实行郡县制，在朝廷设三公九卿，帮助皇帝处理宗庙礼仪、司法、外交、财政等朝廷大事。还对各级官吏进行很严格的管理。这样，从朝廷到地方，一切权力均集中于皇帝，大大加强了君主集权制。

汉代体系化赋税制度

汉代的赋税制度具有历史的继承性，它是自春秋晚期以来至秦代封建性赋税制度的延续和发展。

汉代在制定赋税制度时，不仅吸收了以前的赋税制度的基本内容，而且又顾及了汉代初期的现状。

汉代制定了具有新内容和新特点的赋税制度，为恢复和发展生产，缓和阶级矛盾，巩固封建朝廷政权，发挥了应有的作用。

■ 汉高祖刘邦画像

■ 古代屯田兴农图

汉高祖刘邦 庙号太祖，沛丰邑中阳里人，汉朝开国皇帝，谥号"高皇帝"。我国历史上杰出的政治家、战略家。汉民族和汉文化伟大的开拓者，对汉民族的发展，对中国的统一和强大，以及汉文化的保护发扬作出了突出的贡献。

汉代的赋税主要是田税、口赋和杂税。与此同时，汉代还根据当时的社会现状，开创性地制定了敬老养老的赋税政策。

田租是汉王朝朝廷财政的主要收入之一。主要用作百官的俸禄、祭祀，皇帝的生活资料和其他某些用度。

西汉初年，汉高祖刘邦实行减轻田租的政策，实行"十五税一"之法，即朝廷从农民总收入中征收十五分之一。不久，因军费开支浩大，似乎又改成"十一之税"，到惠帝刘盈时，才又恢复"十五税一"。

后来，有时免除一半田租，变成"三十税一"，遇到荒年，又全部免征。汉景帝时，正式规定"三十税一"，从此成为定制，终两汉之世基本未变。

古代文献把汉代朝廷收入的田租，有时又称作"谷租""租谷""菽粟"，可见它是实物并不是货币。朝廷按照不同地区、不同土质、不同年景，定出不同的通产量，以此为标准来征收田租。

汉代还有一种与田租并行的税收项目，这就是刍稿税。这和秦代的刍稿税基本相同，也是征自土地，而且和田租同征、同减、同免。由于刍稿笨重，运输不便，有时也用货币代替实物。

两汉前期减田租的措施，对大量自耕小农起到了保护作用，有一定的积极意义，因而也收到了促进社会生产力发展的效果。

汉代另一类重要赋税是"口赋"，是朝廷财政收入的又一重要来源，主要充作军费和对有功人员的赏赐。口赋就是人口税，其中分为"算赋"和"口钱"两种。

从西汉初开始法令规定：人民不分男女，从15岁至56岁期间，每人每年必须向朝廷纳一"算"钱，称"算赋"。当时的一算是120钱。商人和奴婢要加倍缴纳，每人年征两"算"。

汉惠帝为了改变秦末汉初以来人口锐减、土地荒芜的局面，特别奖励生育，规定女子从15岁至30岁还不出嫁，就要征收五"算"。

汉代称未成年的儿童为"小男""小女"，他们的人口税叫作"口钱"。口钱从3岁起征，直至14岁，每人每年缴纳20钱，汉武帝时增加3钱，成为23钱。汉元帝又改为从7岁起征

■ 西汉五铢钱

古代税赋

历代赋税与劳役制度

■ 西汉时期的金饼

口钱，至20岁才开始征收"算赋"。

除了以上两类赋税以外，汉代的杂税其实涉及了汉代赋税的管理体制。

汉代皇室的费用，主要取自山、川、园、池、市肆的租税，被称为"工、商、虞、衡之人"。这些收入，原则上由少府管领，供皇室享用。

汉代的少府，规模和职权范围又远非"山虞""林衡"所能比拟，它的属官如主膳食的太官和主饼饵的汤官等，主管盐铁、海租、假税、工税、市租方面的税收。

盐、铁是人民生活和生产的必需品，量多税高，收入自然不少。正因为它重要，所以汉武帝时，为增加朝廷财政收入，实行盐铁由朝廷垄断经营，于地方各郡县设盐官或铁官经营盐铁产销，增加了朝廷财政收入，对改进与推广先进技术也起到了积极作用。

假税是租赁之税。朝廷把控制的公田苑囿租给人民耕作。当时出租的公田，有太仆所掌管的牧师诸苑草地，水衡都尉所掌管的上林苑闲地，少府所掌管的苑囿园池之地，还有大司农所掌管的大量熟地。

汉代开创的敬老养老赋税制度，涉及社会、政治、经济、文化和司法等领域，内容包括王杖制度、赐米制度、免老制度和睆老制度。

王杖制度又称赐杖制度。这一制度规定，免除老人的赋税差役负担。王杖持有者如使者持节，官吏或他人不得擅自征召、辱骂、殴打持杖者，否则处以极刑。同时，把免除差役的范围扩大到持杖老人的家庭成员。即对于抚养这些老人的人，朝廷也免除其赋税徭役。

经济上给予持杖老人一定的优待，对持有王杖的老人从事经商活动免除市税。

赐米制度规定，90岁以上高龄老人可以享受赐米，不过只有大夫及大夫爵位以上的90岁老人才享受赐米，而低级爵位乃无爵位者需要更高年龄才受赐米。

汉文帝时，对赐米制度的对象、年龄和内容等方面进行了改革，据《汉书·文帝纪》记载，90岁以上赐米制度，被放宽为80岁以上者即可享受赐米一石、肉10千克和酒5斗的待遇；而90岁以上者则在享受赐米一石的基础上，增加赐帛两匹、絮1500克。至东汉时，赐米者的年龄被进一步降低，《续汉书·礼仪

■西汉时期的辇车

汉代竹简

志》表明，东汉70岁的老人就被赐米了。

免老制度又称"徭役免老"，是对达到年龄标准的编户民众，即被朝廷正式编入户籍的自耕农、雇农等免除徭役。

皖老制度是汉初养老制度中的另一项内容，即将年龄较高又未及免老者，定为皖老，其享有的优待政策，一是减半服徭役；二是皖老者之子可免于参加运粮的差使。当时皖老者由于没有达到"免老"标准，所以仍须服徭役，但皖老者所服徭役的劳动量是同爵位正常服役者的一半。

汉代"赐杖""赐米""免老"和"皖老"4四项赋税政策表明，汉王朝能面对社会形势的发展和变化，顺应历史潮流，推动了汉代社会的精神文明建设，在我国封建社会初期，具有开创意义。

阅读链接

据说汉武帝到泰山拜祭泰山奶奶，就在他跪在塑像前磕头时，突然，香台上的香烟组成了14个字停在空中。

这14个字是："一人求神花万贯，人众如草废家园。"刚一看完，这些字就又变成了白烟，缭绕着向上浮去。

汉武帝一时惊呆了，但他很快就明白了：因为自己挥霍钱财，百姓怨愤，所以泰山奶奶才这样警告他。于是，他立即赶回京城，招募天下人才，治国安民，减轻赋税。还亲自到乡下犁地种田，不几年工夫，天下人就富裕起来了。

三国时期赋税与徭役

在三国时期，出现了部分在当时行之有效的税赋制度，比如曹魏的屯田、户调制等，东吴的租、赋、算、税四大类，蜀汉的口赋、算赋等，还有因战事而确定的徭役性世兵制度等，所有这些，都比汉代有了一些显著的变化。

其中，屯田制是作为一种新的生产方式出现的，它解决了前代社会所创造出来而又无法解决的矛盾。

■ 蜀主刘备画像

三国时期的粮仓

东汉末年，各封建割据势力连年征战，出现了"用无常主，民无常居"的现象，在这种情况下，朝廷难以掌握确实的户籍，若仍按汉代赋税制度征收算赋和口赋，评定田地产量，显然已很难办到。

此时，曹操已收编黄巾军余部30万人，占据中原腹地，"挟天子以令诸侯"。粮食问题的解决迫在眉睫。当时的历史条件是，许城周围有大片荒芜的农田，而且黄巾军一般拖家带口，还带有许多耕牛。于是，曹操于196年颁布了《置屯田令》，开始大规模屯田。

曹操的《置屯田令》规定："持官牛者，官得6分，百姓得4分；私牛而官田者，与官中分。"虽然百姓地租负担较重，但较为安定的生产和生活，仍能被当时百姓接受。这一制度解决了军粮问题。

为了保证长久调动农民生产的积极性，曹操开始着手进行赋税制度改革。

204年，曹操发布了著名的《收田租令》，规定"其收田租亩四升，户出绢两匹，绵两斤而已"。这一改革实现两大突破，即把汉代的定率田税改为定额田税，把人头税改为按户征税。汉代田税曾经三十税一，一亩必须缴粮5升以上。

而曹操的改革不论产量高低，一亩只缴4升，田税不与产量挂钩，增产不增税，提高了农民种田的积极性。流民纷纷归田，农业生产得以恢复。

汉代"人头税"算赋、口赋是按人头缴纳的，百姓要卖掉产品换钱缴税，时常受到商人盘剥。但曹操采取了户调制度，收到了很好的效果。

根据口赋、算赋制，家庭的人口越多，缴的税费就越多，若税费太重或不合理，就会限制人口增长。而户调制只规定一个家庭所缴的税费，不管人口多少，而家庭如果人口多，则劳动力就多，收入就会增加，自然刺激家庭想方设法增加人口。

曹操还规定除百姓纳税外，一般豪强地主也要缴纳田税、户调。同时，注重加强管理，规定正税之外，其他不得再进行征收。

曹操具有鲜明的赋税负担均平思想。他在《收田租令》开篇即强调："有国有家者，不患寡而患不均"，指出不可放纵豪强兼并，转嫁赋税负担，使百姓贫弱。

■魏国人物画像砖

■ 曹操画像 沛国谯，即今安徽省亳州人。汉末著名政治家、军事家、文学家和书法家。三国中曹魏政权缔造者。为统一中国北方作出重大贡献，他的屯田制对农业生产恢复有很大作用。他开启并繁荣了建安文学，史称"建安风骨"。

他将税负是否均平的问题提到治国强兵的高度，认为如果人民负担过重，贫富相差悬殊。他明确规定，赋税的承担者不仅是普通百姓，一般的豪强地主也要按照土地顷亩和户口分别缴纳田租户调，不可以使他们有所隐藏。

曹操还主张加强赋税的征收管理。实行租调制的法令颁布后，曹操强调依法办事，严格贯彻租调制。他不仅带头守法，向朝廷缴纳赋税，还大力支持地方官员依法征税，打击违法的豪强，并重用严于执法的官员。

曹操赋税改革使魏国民心归服，军队衣食充足，成为三国鼎立中实力最强的朝廷。

东吴赋税制度总体上继承汉制，但对汉制又有所创新。根据其征收标准和征收物不同，可分为租、赋、算、税四大类。

"租"主要为田租，按田亩多少与产量高低相结合的办法分等级征收，以实物缴纳为主；"赋"主要有算赋、更赋，计口征收，所纳多为钱币；"算"主要有算缗、算赀、户赋，主要是对商人、手工业者、

乌桓 也称作乌丸。我国古代民族之一。乌桓族原为东胡部落联盟中的一支。原与鲜卑同为东胡部落之一。其族属和语言系属有突厥、蒙古、通古斯诸说，未有定论。公元前3世纪末，匈奴破东胡后，迁至乌桓山，遂以山名为族号。

居民等征收的财产税，多按财产的多少分等征收，用钱币缴纳；"税"主要有关税、盐铁税或专卖、酒税或专卖、市税等杂税，一般按货物的数量多少征税，以征收钱币为主。

东吴朝廷对年龄高者的家属、残疾者，当发生天灾、帝王登基等情况时减免赋税，这些减免措施或多或少减轻了人民的负担，促进了农业和经济的发展。

三国时期的徭役主要是徭役性兵役，指以兵充役，士兵服徭役，或以民充兵，服屯戍之役。

三国时期实行世兵制度。世兵制是由一部分人户专服兵役、世代为兵，是保证地主阶级政治需要的一种兵役制度。除世兵制外，又用用募、收降、征兵补充军队，从少数民族中获得大量兵员。如魏的乌桓兵、凉州兵，蜀的叟兵，吴的山越兵等。

三国形成之初，沿袭东汉，主要实行募兵制。至建安年间，因长期战乱，逃兵增多，人口减少，募兵困难，曹操、刘备、孙权，都开始逐渐实行不同名目的世兵制，以确保兵源。

世兵制的诞生，是一

■ 孙权画像

叟兵 东汉、三国时叟人被征募为兵者。汉至六朝时今四川省西部、云南省、贵州省、甘肃省部分地区有叟人分布，支系繁多，称蜀叟、賨叟、青叟、苏祈叟等。三国魏晋时曾与蜀国时战时和。魏、蜀征募为兵，战有勇，号称"叟兵"。叟兵作战勇敢。

个逐渐演变的过程。演变的第一步，是从两汉的征兵制，过渡到汉末的多种集兵方式。这种募征来的兵，服现役期限不再是征兵制规定的两年，而变为长期的以至终身的；当兵从尽义务，变成谋生的职业；服兵役由人人有义务，变为一部分人的职业。

建安后期，是演变的第二步。这时，兵士家属集中到一起居住，既留作人质以防士兵叛变，又便于管理；兵与民的户籍也由此分开，出现了兵户；当兵由及身而止，逐渐变为世袭。

兵户和世袭兵大量出现，成为时代的潮流，新的世兵制也就形成了。三国鼎立期间，世兵制已经发展成为魏、吴的主要兵役制度。

三国时期的世兵制包括4项内容：

一是兵士终身当兵，父死子继，兄终弟及，世世代代为朝廷尽当兵义务。朝廷主要兵源，是兵士子弟。兵士不得解除世代当兵的义务，除非在作战中有突出的表现，经过特殊的手续批准，作为奖赏方可。

二是兵与民分离。兵士之家，即士家，另立专项管理的户籍，称为士籍。入士籍，不允许改为民籍。

三是兵士的家属，集中居

刘备 字玄德，据说是汉中山靖王刘胜的后代。东汉末年幽州涿郡涿县，即今河北省涿州市人。三国时蜀汉开国皇帝，谥号"昭烈皇帝"，史家又称为先主。他为人谦和、礼贤下士，志向远大，知人善用，以仁德为世人称赞，是三国时期著名的政治家。

■ 三国时期的蜀汉粮仓

■ 曹魏兵马阵列

住，集中管理。

四是为了保证兵士人口的再生产，士家在内部婚配，不与平民通婚。

与世兵制配套的还有番休制，又称分休制。

在曹魏，世兵制最为典型，并与质任制和错役制相结合。为保持固定的兵源和恢复发展生产，魏开始实行"世兵制"，把士兵及其家属固定为"军户"或称"士家""兵家"，与民户分籍登记，由专门机构管理。

曹操实行军户和民户分离。军户既要打仗又要耕作，还可被任意集体迁移。为保障兵源，曹操规定军户女子不得外嫁，只能嫁给军户。

蜀汉也实行征兵制。蜀汉因为疆域和人口最小，

孙权 （182年—252年），字仲谋，吴郡富春，即今浙江省富阳人，三国时东吴政权的建立者，谥号"大皇帝"，庙号太祖。在位期间，设置农官，实行屯田，促进了江南经济的发展。晚年在继承人问题上反复无常，引致群下党争。

■曹操雕像

所以世兵制虽有，但非主流，主要在部曲和少数民族中实行。

孙吴士卒家属一般跟随军队，由将领安排住地集中控制。孙吴政权是由江南本地和南迁的大族支持而建立，所以不得不给他们好处。因此形成了东吴特有的世袭领兵权，即将军死后由儿子带领旧部属。

三国时期，军户当兵是世袭职业，作战经验丰富，作战技能提高，有较强的战斗力。世兵制吸收游民和流民，使之举户依附朝廷，从死亡线上找到安身立命之地，通过终身当兵和家属屯田解决生计，对他们是有利的。

世兵制通过以众将部曲的家属为人质，加强了对众将的控制，抑制了军中豪强拥兵割据的倾向，保证了军队的集中统一，对于结束群雄割据、形成三国鼎立和全国统一起了一定作用。

古代税赋
历代赋税与劳役制度

阅读链接

曹操在执法方面不徇私情。

曹洪是曹操的堂弟，家产万贯，他始终追随曹操建功立业。长社县令杨沛在组织租调制的实行时，支持曹洪的长社县的宾客拒不缴纳田租、户调。杨沛依法办事，断然把那些违法不缴税的宾客"收而治之"。

曹洪得知这一情况后，急忙去找曹操，要求惩办杨沛。但杨沛毫不畏惧，并依法诛杀了抗税不缴的宾客。

曹操听说这件事后，并不因为曹洪是自己的堂弟而责备杨沛，反而表扬了杨沛，后来还重用杨沛，封其为京兆尹。

两晋赋税制度与徭役

在两晋时期，社会经济有了进一步的发展。尽管长期处于战乱之中，社会十分动荡不安，但是社会物质生产仍在发展，在这种情况下，西晋在赋税制度上实行占田制，实行户调法。

东晋允许官僚占山封山带泽良田万顷，奴婢数千，土地所有制得到发展，并在此基础上形成了富有特色的赋税制度。

■晋武帝司马炎画像

两晋时期，社会经济特点是江南迅速开发，中原发展相对缓慢，士族经济和寺院经济占有重要地位，商品经济水平较低，以及各民族经济交往交流的加强。伴随着经济的不均衡发展和军事上的变化态势，这一时期的赋税制度和徭役均体现了与以往不同的时代特色。

晋武帝司马炎灭吴统一中国后，于280年颁布《占田令》，首创"户调制"。此令在占田制的基础上，规定赋税的数额。

■ 晋武帝司马炎字安世，河内温，即今河南省人。晋朝开国君主，谥号"武皇帝"，庙号世祖。他在位期间，采取一系列经济措施以发展生产，颁行户调式，社会出现一片繁荣景象，史称"太康之治"。

所谓占田，是指一般民户可以按人口占有和使用的土地数额，课田是按丁承担租税的土地额。占田并非由朝廷分配土地，只是允许民户自行垦占，无论占田是否达到法定标准，都必须依照规定的课田数缴纳田租。

《占田令》包括占田制、户调制、限田制以及官吏占田荫户制。

占田制也叫占田课田制。它规定：男子一人占田70亩，女子一人占田30亩；其中丁男16岁至60岁为正丁，课田50亩，丁女占田20亩。次丁男13岁至15岁、61岁至65岁，占田20亩，次丁女及老小没有占田。"次丁"是指承担部分赋役的未成年或老年的男女。

在纳税额度上，《占田制》规定：有50亩地者，收租税4斛，即每亩8升。除田租外，还要缴纳户调，丁男做户主的，每年缴绢3匹、绵3斤；户主是女的或次丁男的，户调折半缴纳。

《户调制》规定：丁男为户主的民户，每年纳绢3匹、绵3斤，丁女及次丁男为户主者减半缴纳。

《限田制》规定：官员一品可占田15顷，以下每低一品减田5顷。

官吏占田荫户制规定：第一品官可以占田50顷，以下每品依次递减5顷，至第九品占田10顷。荫庇佃客的数额为，自一品50户至九品一户。

户调法有3个特点：

一是以户为单位，计征田租和调赋，也就是把土地税和户口税合而为一，寓田赋于户税之中，不论田多田少，皆出一户之税。

二是户调所征收的绢绵等实物，只是一个通用的标准，实际上当会按照各地实际出产情况，折合通过标准物计征，不会只限于绢和绵。

士族 又称门第、衣冠、世族、势族、门阀等。门阀，是门第和阀阅的合称，指世代为官的名门望族。士族制度是我国历史上从两汉至隋唐最为显著的选拔官员的系统，其实际影响造成朝廷重要的官职往往被少数氏族所垄断。至唐代时被科举制度取代。

■《洛神赋图》局部

■ 墓室壁画出工图

三是西晋征收的田租和户调，较曹魏时征收田租提高了一倍，户调提高了半倍。

晋武帝颁布户调式的目的，主要是分土地，限制土地兼并，以保证朝廷的税收和徭役征发。户调式制度的实施，是晋代独具的一个特色，增强了西晋的国力。

东晋南朝时期，江南得到进一步开发，社会经济有了较大的发展。北方劳动人民不断南迁，既提供了大批的劳动力，也带去了先进的生产工具和生产技术。因为他们是侨人，散居在侨立的郡县中，赋役上与土著居民不同。

这种不同集中表现在户籍上。两晋南朝时称正式户籍为黄籍。因侨人属不定居、无实土之虚悬流寓户口，皆无赋役。因此，黄籍之外出现了白籍。

流民涌向江南，住侨郡，持白籍，免除税役，这就必然要加重江南土著居民的负担，必然要影响朝廷财政的收入，造成严重的社会经济问题。

土断因而势在必行。土断的主要精神是划定州、郡、县的领域，居民按实际居住地编定户籍，故称"土断"。因为赋役跟随户籍，故而土断的核心是整顿户籍。

东晋的赋税实际分为4段。自晋元帝至晋成帝"咸康土断"与"度田收租"之前为第一段。这段赋税制仍旧是西晋之制。

第二段自晋成帝"咸康土断"与"度田收租"起，至376年改行口税止，是度田收租制度实行的时期。咸康土断将侨人包括士庶都纳入了黄籍税户之中。度田收租是亩税。

这段税制最大的变化，是取消了王公贵人免税及荫亲属的特权。但他们仍可免役，比如后来376年实施的在役之身可免税政策。

第三段自376年改行口税起，至383年淝水之战后增百姓税米前止。在这段时期，东晋除了将亩税改为

晋成帝 （321年—342年），司马衍，字世根，汉族。明帝长子。明帝死后继位，谥号"成皇帝"，庙号显宗。在位期间，由于苏峻与祖约的叛乱，宫城迁移至石头城；直至329年陶侃平定苏峻之乱后才迁回建康。司马衍也是一位书法名家。草书劲力外爽，古风内含。

■ 古墓室壁画《耕种图》

■淝水之战

口税外，还创立了在役之身可免税的制度。

役包括劳役与兵役，正在服役的人可以免除口税，对于农村与军队的稳定，都有一些作用。东晋用以打胜淝水之战的北府兵，都在免税之列。

第四段从淝水战后增税米起，至东晋灭亡止。这段时间的赋税特征是，税米及布、绢、丝、绵都是以户为单位征收，而且按资产分等征收田租、户调办法，也就是九品相通。这阶段的一个变化是服役者不能免调。因为形势吃紧，百姓是既要缴税，又要服役。

东晋的赋税制度具有以下特点：

一是以实物赋税取代了货币赋税，以户为单位和以丁为单位并重，妇女授田和纳税，适应了大户隐占人口的现实，只能按户征收才有保证。

二是户等的评定采取"九品混通"的办法，即按照资产评定户等，依户等高低纳调，但大户合适。人多丁多，还可依附人口，户调则按一户计算，不是太大的负担。

三是东晋的租调税额取十分之一，率亩税3升。原来是以丁租为主，现改为丁租与亩税并举，按田纳税。但遭到大家族豪强的反对和抵制，后来又实行口税制，依附人口自然不纳税。

两晋时期的徭役制度，在役龄及兵役制度诸方面各有区别。

役龄即服役年龄。西晋平吴后，则把起役年龄降低至16岁，而把免役年龄提高至65岁。东晋的服役年龄与西晋基本相同。自西晋末年至北魏统一中原这一期间的十六国，其役制也一脉相承。

至西晋末年，世兵被发生在中原地区的连年兵祸消耗殆尽，军户所剩无几，世兵制也逐渐衰落，转而以招募补充兵员，募兵制渐盛。

东晋初年的徭役，由于军事行动未停，所以力役的名目繁多。东晋经学家范宁上疏揭露了役期无休止的事实，印证了东晋徭役还是很重的。其实这也从一个侧面反映了当时的形势紧张。

东晋掌握的旧有军户更少，初期曾以驱使隐户、征发奴童、谪发罪犯来开拓兵源，扩大军户，仍不能满足用兵需要，于是大量招募南迁流民为兵。如参加淝水之战的北府兵即是招募而来的。此外，凡有重大战争，也临时征发百姓为兵。

阅读链接

《晋书·陶回列传》中记载，当时谷价昂贵人民饥饿，三吴一带尤其严重。于是朝廷命令听凭人民自由买卖粮食，以此缓解一时的急需。

曾任交州刺史的陶回上疏说：自由贩卖粮食的消息一传开，北方强敌听说后就会认为我们虚弱，会来威胁我们的安全的。陶回建议开粮仓赈济百姓。这一段话透露出朝廷的经济制度的一些信息。

朝廷允许农民把粮食出售给城里人，用卖粮所得购买他们无法生产出的盐、农具等。这就是当时的粮食交易现象。

隋代赋税制度与徭役

■ 隋文帝杨坚画像

　　隋代的"轻赋税"是隋文帝杨坚时代的财政征课的基本原则。隋代提高了成丁纳税的年龄，降低了纳税数额，缩减了丁男每年服役的时间，同时还有一些豁免的规定。

　　这些赋税制度，是隋代的重要财政措施，也是对税收理论的重大贡献，更是推动隋代生产发展，经济繁荣的根本原因。隋代赋税制度不仅使人民衣食富足，而且使财政收入达到了封建社会历史未有的丰富时期。

■ 隋唐人物陶俑

　　隋文帝杨坚继位后，为了稳定当时的政治局面和加强朝廷集权制，采取息事宁人的安民政策。在短短的38年中，不仅使经济得到了恢复，而且在封建史上出现了空前的富盛景象。

　　这一成就的取得，与隋代的均田制以及与之相适应的赋税制度关系极大。

　　隋以前的朝代虽然实施了均田制，由于不完全具备实施均田制的条件，不与当时生产力状况相适应，对经济发展未能起推动作用，故不能致富。而隋代的均田制很快使其社会稳定、经济发展、繁荣。

　　这正是隋代已经具备了实施均田制的条件所产生的结果。

　　均田制作为我国封建社会历史上的最好的土地制度，它的实施必须要具备几个条件：一是要有完善的

隋文帝（541年—604年），杨坚，隋朝开国皇帝，谥号"文皇帝"，庙号高祖，尊号"圣人可汗"。他统一天下，建立隋朝，社会各方面都获得发展，形成了辉煌的"开皇之治"，使我国成为盛世之国。隋文帝时期也是人类历史上农耕文明的巅峰时期。

户籍，因为它是按人计征；二是人口要有增无减；三是开垦的土地面积要大。

这3个条件在隋朝开国后已经完全具备。这样，均田制很快在隋代顺利推行，并产生了良好的效果。

与前朝的均田制相比，隋代的均田制内容丰富。表现为以下几个方面：

第一，它不仅有对一般农民的授田规定，而且还有官吏的永业田、职分田、公廨田的规定。此外，还有丁男、中男授田的规定，笃疾、废疾、老、小授田的规定，园宅地的规定等。而在北齐均田制中只有对农民授田之规定，其他的规定都没有。

第二，在一般农民授田之规定上也有异于北齐。北齐规定："一夫授露田80亩，妇40亩……又每丁给永业田20亩为桑田。"隋朝规定："其丁男、中男授永业露田。"当时北齐没有中男授田之说。

第三，隋代在对人丁的划分上也与前几朝不同。北齐规定："男18岁以上为丁，丁从课役，60岁为老。"隋代规定："男以21岁为丁，58岁为限，实行从丁课，同时把18岁至20岁划为中男。"从而出现了对丁男、中男两种不同年限的授田方法。

这一划分，反映了力役

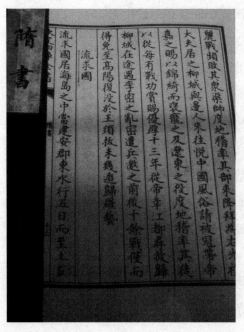

■ 记载隋朝历史的《隋书》书影

在隋代得到不同限度的豁
免，调动了劳动者的生产
积极性，同时也反映出隋
代经济之富强。

　　隋代在均田制基础上
采取的赋税制度，虽然用
北齐租调制，但通过实施
"人丁税"进行了减免。

　　人丁税是隋文帝杨坚
以北周均田制为依据，参
酌北齐的均田制度。隋代
以一夫一妇为状，以"床"为课征单位，以"男"为
主体。规定丁男一床课征租粟3石；调绢绝一匹、绵3
两，或者调布一端，麻3斤；单身男子、仆人、部曲
税额减半，非应授田口皆不课税。

■ 隋代镶金边玉碗

　　同时，还作了减免规定："单丁及仆隶各半之，
未授地者皆不课，有品爵及孝子顺孙，文夫节妇，并
免课役。"

　　至隋炀帝杨广时，由于户口的增多，朝廷决定妇
人和奴婢免除课税。

　　隋代赋税明显是以"丁"为计税依据，丁男得到
田地以后，才要利用耕种的作物缴纳户税和田赋，其
他人则依身份不同而有其课征额度。

　　赋税的轻重，可以对人民产生收入效应和替代效
应，在此基础上发挥赋税的激励作用和反激励作用。
隋代的赋税政策，对人民的生产产生了激励作用，使

职分田　我国古
代按官职品级授
予官吏作为俸禄
的土地。施行于
西晋至明初，其
间也称为莱田、
禄田、职公田、
职分田等。职田
是朝廷掌握的公
田，不属官吏私
人所有，只以收
获物或部分收获
物充作俸禄的一
部分，官吏离任
时要把职田移交
给下一任。

■ 高颎 生于隋代渤海蓚，即今河北省景县。隋朝杰出的政治家，著名的战略家和谋臣。隋朝开国元勋。他在宰相任上执政近20年，对隋代的统一和发展作出了极其重要的历史贡献。被誉为"隋朝第一贤臣"。

左仆射 官名。秦始置，汉以后都置有此官。汉成帝时初置尚书五人，一人为仆射，位仅次尚书令，职权渐重。汉献帝时，置左右仆射。唐宋左右仆射为宰相之职。宋以后废。太平天国曾设仆射一职。

隋代均田制得以顺利进行。

为了做到课征的公平，隋代还要求乱世期间豪族的隐户，必须要独自设立户籍，作为朝廷编定户籍的依据和基础，申报不实者予以处罚，并为此制定了"纳籍之法"。它是隋代制定户等和纳税标准的办法。

585年，左仆射高颎鉴于兵役、力役、税收、授田等都与户等有关，而当时户等的划分因长吏怠情，多有不实，于是建议由朝廷确定划分户等的标准，叫作"纳籍定样"，颁布到各州县。

这一政策规定，每年1月5日县令出查，百姓300家至500家为一团，依定样确定户等，写成定簿，即称"纳籍之法"。

利用这一方法，将大量隐漏、逃亡的农民转为朝廷编户，通过纳籍定样，剥夺了许多士族豪门控制的依附民，削弱其经济势力，而增加朝廷的赋税收入，为建立起比较完善的户籍制度创造了条件，加强了朝廷集权。

由于隋代在调查户口和课征税收方面的得力措施，有效防止了官民不法，做到了课征公平。课征的公平使得人民乐于缴纳，田赋收入大增，朝廷物资充裕，人民同享富庶。

在徭役方面，隋王朝在581年规定，男丁21岁必须服正役直至60岁，每年服役一个月。

583年，隋王朝还把每年服役日数改为20天，调绢由原来的4丈减轻为两丈。

590年，又规定50岁以上一律免役，可以用钱、物、布帛代替防戍兵役，称为"免役收庸"。

这时候的"免役收庸"还很严格，有年龄限制，也只限于兵役可以抵免。但从更宽泛的意义上看，已经是"以庸代役"的突破。

"免役收庸"标志着长期以来束缚在人民身上的力役枷锁得到解放。同时，由于年龄提高后，在原先21岁授田的规定没有改变的情况下，农民在达到授田年龄以后，就可以有3年不纳租调，不服徭役。

上述这些政策和措施在实施过程中，大抵都依照法令规定。即使是在将作大匠宇文恺营建广通渠的时候，也没有超期征用民工的记录。

隋初兵制大体承袭西魏、北周的府兵制，从强壮的农民中挑选士兵，免除他本身的徭役，平时从事生产，农闲时则从事军事训练。无论平时战时，都由各级军官督率，而且单立军籍。

户 等　古代政府将民户按资产多寡分为不同等级以征收赋税。汉代按财产比例向商人、手工业者，征赋税；北魏将民户分三等九品，按户等征税，后废；北齐再施行；唐代定天下户为三等，后改九等；宋代定民户为九等；明代分民户、军户、匠户三等，但不作征税标准。后遂废止。

■ 隋运河示意图

隋运河示意图

隋朝文官陶俑

隋初规定，役龄内的府兵，轮番服现役。未服现役的府兵，由管理军户的军场场主或乡团团主管理，平时定期集中训练，有事则应召从军出征。

590年，全国统一刚刚完成，为适应新的形势需要，隋文帝就对兵役制度进行了重大改革。改革的核心内容是把军户编入民户。

编入民户的军户不再存在，但军人军籍依旧，与军府的关系也没改变。无论在役、在军或在家，凡属军役范围内的事，都归军府管理。这次改革的实质是变兵民分离为兵民合一。从此，魏晋以来形成的世兵制开始为普遍征发所代替，从而扩大了兵源。

隋朝这种兵民合一的制度，与它的均田制和租庸调制是联系在一起的。隋朝规定，丁男每年服兵役一个月，服役时的衣粮装备由个人负责。丁男服役期间，租调全免。由此可见，隋府兵制的基础是它的均田制。

阅读链接

隋代徭役中的一个重要项目就是开凿大运河。

隋文帝杨坚于584年命宇文恺率众开凿了长150多千米的广通渠。这是修建大运河的开始。

隋炀帝杨广登基后，为了使长江三角洲地区的丰富物资运往洛阳，分别于603年、605年、610年开凿了永济渠、通济渠和江南运河，并对邗沟进行了改造。这样，洛阳与杭州之间全长1700多千米的河道，可以直通船舶。京杭大运河的通航，促进了沿岸各业的迅速发展。

唐代赋税制度与徭役

　　唐代作为我国历史上最为强盛的朝代之一，其完善的赋税制度对其发展有着重要的影响。

　　唐代"均田制"放宽了对土地买卖的限制，更加速了"均田制"的崩溃。

　　租庸调制的出现表现了其进步性。并在唐初配合均田制的情况下，使得农民生产时间有了比较大的保证，同时赋役负担的相对减轻，使得许多荒地开垦出来，朝廷的赋税收入有了基本保障，府兵制也得到巩固。

■ 唐太宗画像

唐代初年，为了社会的稳定和经济的发展，唐太宗等君臣们经常以历史兴衰为借鉴，注重吸取历史教训，采取了一系列的财政经济改革措施。其赋税方面主要有均田制、租庸调制，以及后来的两税法等。

唐代均田制明确规定，18岁以上的中男和丁男，每人授口分田80亩，永业田20亩。老男、残疾授口分田40亩，寡妻妾授口分田30亩。

这些人如果为户主，每人授永业田20亩，户分田30亩。工商业者、官户授田减百姓之半。道士、和尚给田30亩，尼姑、女冠给田20亩。此外，一般妇女、部曲、奴婢都不授田。

唐代均田制还规定，有爵位的贵族从亲王到公侯伯子男，授永业田100顷递降至5顷。职事官从一品至八九品，授永业田60顷递降至2顷。散官五品以上授永业田同职事官。勋官从上柱国到云骑、武骑尉，授永业田30顷递降至6顷。

■ 唐代群臣雕像

■ 唐代武官俑

此外，各级官僚和朝廷，还分别领有多少不等的职分田和公廨田，职分田的地租作为官僚俸禄的补充，公廨田的地租作为官署的费用。这两种土地的所有权归朝廷。

贵族官僚的永业田和赐田可以自由出卖。百姓迁移和无力丧葬的，准许出卖永业田。迁往人少地多的乡和卖充住宅、抵店的，并准许卖地分田。买地的数量不得超过本人应占的法定数额。

唐代在均田的基础上，制定了租庸调制。规定田有租，户有调，身有庸，外有杂役。

租制规定：每丁每年要向朝廷缴纳租粟两石。此外对岭南等特殊地区实行轻税政策，岭南诸州纳米，上户纳米1.2石，次户8斗，下户6斗。

庸制规定：每丁每年需要为朝廷无偿地服徭役20天，闰年加两天；不服劳役的人，要纳绢或布代替，一天折合绢3尺，谓之庸。

岭南 又称岭外、岭表。古为百越之地，是百越族居住的地方，是指我国南方的五岭之南的地区，相当于现在的广东、广西及海南全境，以及湖南及江西等省的部分地区。唐代的岭南道，也包括曾经属于中国皇朝统治的越南红河三角洲一带。自唐朝宰相张九龄开凿梅关古道后，岭南才得到逐步的开发。

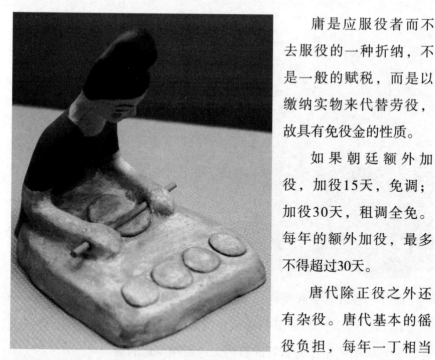

■ 唐代劳作女俑彩
绘陶塑

庸是应服役者而不去服役的一种折纳，不是一般的赋税，而是以缴纳实物来代替劳役，故具有免役金的性质。

如果朝廷额外加役，加役15天，免调；加役30天，租调全免。每年的额外加役，最多不得超过30天。

唐代除正役之外还有杂役。唐代基本的徭役负担，每年一丁相当于30天至50天。

对于遭受水旱虫蝗等自然灾害的地方，又有减免租庸调的规定。

灾情在4成以上，免租；灾情在6成以上，免租调；灾情在7成以上，课役全免调。

调制中的"调"是户税，即户为征收对象与征收单位，以丁立户，以实物缴纳，也可以货币缴纳银14两。

调制规定：每丁每年纳绢或绫两丈，绵2两；不产绢绵的地方，缴纳布2.5丈和麻2斤。

737年又作了新的规定，布帛要求1.8尺宽，4丈长才算一匹；布5丈才算一端；绵6两为屯，丝5两为绚。如一户所纳之物，不成匹、端、屯、绚的，都要

杨炎 唐代财政改革家，两税法的倡行人。780年，杨炎主持在全国施行两税法。两税法大为简化了税制，便利了租税的征收，免去了税吏许多催索的苛扰，不但使朝廷的财政收入增加，而且也减轻了人民负担。

折凑成整数。

唐代租庸调制，自唐高祖李渊时规定，经唐太宗整顿，历唐高宗、武则天、唐中宗至唐玄宗开元年，一直未变。

在这段时期，经济逐步发展，户口也逐年增加，朝廷财政也有了结余，国库也充实起来，出现了唐初社会经济繁荣的景象。

租庸调制以外的杂税，主要则为"两税法"。

780年，唐德宗时的宰相杨炎鉴于当时赋税征收紊乱的情况，建议实行两税法，为唐德宗所采纳。

"两税法"规定：按各户资产定分等级，依率征税。首先要确定户籍，不问原来户籍如何，一律按现居地点定籍。取缔主客户共居，防止豪门大户荫庇佃户、食客，制止户口浮动。依据各户资产情况，按户定等，按等定税。

实施办法是，各州县对民户资产，包括田地和动产不动产进行估算，然后分别列入各等级，共3等9级，厘定各等级不同税率。

地税以实行两税法的前一年，即779年的垦田数为准，按田亩肥瘠

■唐代仕女刺绣雕像

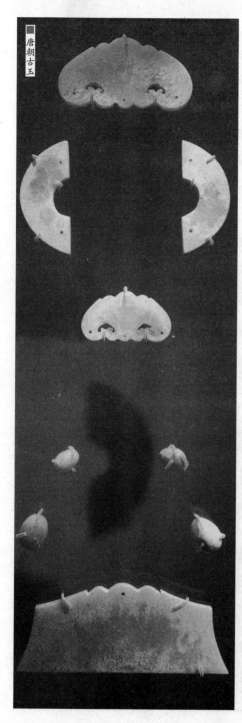
唐朝古玉

差异情况，划分等级，厘定税率征课。

其中丁额不废，垦田亩数有定，这是田和丁的征税基数，以后只许增多，不许减少，以稳定赋税收入。

"两税法"的征税原则是量出制入，统一征收。即先计算出各种支出的总数，然后把它分配给各等田亩和各级人户。各州县之内，各等田亩数和各级人户数都有统计数字，各州县将所需粮食和经费开支总数计算出来，然后分摊到各等田亩和各级人户中。这就叫"量出制入，统一征收"。

"两税法"的征课时期分为夏秋两季。这主要是为了适应农业生产收获的季节性，由于农业的收获季节是夏秋两季，所以在夏秋两季向朝廷缴纳赋税。

征课资产按钱计算。因为要按资产征税，就必须评定各户资产的多少，就必须有一个共同的价值尺度，这就是货

■ 唐代大明宫上朝蜡像

币。所以两税的征收，都按钱计算，按钱征收。

但是有时将钱改收实物，朝廷定出粟和帛的等价钱，按钱数折收粟帛。

"两税法"是符合赋税征课的税目由多到少、手续由繁到简、征收由实物到货币的发展规律的。它是适应农业生产力提高，社会经济繁荣与货币经济发展的客观要求的。按社会贫富等级，资产多寡征税也是合理的、公平的。

■ 唐代女子制茶图

在徭役方面，唐代除了一般正役之外，尚有杂徭，也就是比正役较轻、较小的徭役，服杂徭称为"充夫"。

征发方式并非按户征

古代税赋

历代赋税与劳役制度

调，而是以人口数为准；使役地点多在州县境内，但地方朝廷没有随意派遣夫役的权力，必须经过一定手续才得以派遣。

原则上，丁男规定要服正役，没有规定必须要服杂徭，但若服杂徭两日可折抵正役一日。

有别于丁男，唐代将16岁者称"中男"，中男就有服杂役的义务，役期10天，但若充夫满40日，则可免户内一丁之丁租。因此，丁男必须义务服正役20天，中男义务充夫10天，都体现了杂徭"轻""小"的特点。

杂徭的内容有临时性事务，也有相对固定的工作。如水利设施所需要的夫役，或是修缮盐池设备、官田营种、兴修水利、修城、门夫、守桥丁等劳动。使役范围广泛，不似正役载入律令正式规范。

有时哪些是中男充夫的工作，哪些是丁男折抵正

■ 唐代仕女出游图

役的工作，也不易清楚区分。这说明唐代的徭役是很轻的，切实做到了减轻人民的负担。

■ 唐代仕女打马球蜡像

兵役制度是随着朝廷的形成而产生，又随着朝廷的政治和经济体制的变化及战争的需要而得到发展。历史上鼎盛的王朝莫不如此，大唐王朝也不例外。

唐前期主要实行府兵制条件下的征兵制。府兵的来源，是由军府所在地从"六品以下子孙及白丁无职役者"中挑选，每3年选拔一次。府兵从21岁服役，60岁免役，服役期间免本身租调。

府兵经常性的任务是轮班到京城宿卫，叫作"番上"，有时也到其他地方出征和戍防。除外出执行任务时期外，府兵不脱离自己的乡土和农业生产，只有冬季集中进行军事训练，实行所谓兵农合一制。

战时，朝廷从各地调集军队，高级将领都是临时委派，战争结束后，兵散于府，将归于朝。

募兵制 我国古代兵制之一。募兵制由朝廷招募丁男当兵，供给衣食，免征赋役。这就减轻了农民的兵役负担，节省了府兵往来与路途的消耗，有利于生产的发展，封建朝廷也得以建立一支强有力的军队。

唐玄宗后期，由于边镇的军事力量不断地扩大，导致唐的军事形势由原来的"内重外轻"逐渐变成"外重内轻"。

737年，唐玄宗诏令各道节度使，招募自愿长驻镇边的健儿，并允许家属随军，官给田地屋宅。至749年，唐玄宗将府兵制度废除。

唐后期实行募兵制，当时的神策军、藩镇兵大多是招募来的。招募数额由朝廷确定，各藩镇具体负责募集。

朝廷一般号召自愿应募，以身体健壮，有一定身高，会使用某种兵器为应召条件。

朝廷对招募作了规定：允许家属随军居住；给士兵发放衣、粮和酱菜钱；给兵士发放养活家口的薪俸，方式是应募、征战、捉贼等皆有赏赐。

另外，招募兵士无服役年限规定，但有淘汰老弱病残即拣放的要求；因作战阵亡的将士，允许其子弟从军，如无子弟，死者家属可领其三五年的衣粮，伤残者终身不停衣粮。

阅读链接

有一年，唐太宗派人征兵。

有个大臣给他提出了一条建议，不满18岁的男子，只要身材高大，也可以征。

唐太宗考虑再三，最终同意了。

但是诏书却被魏徵扣住不发。唐太宗询问魏徵缘由，魏徵说："把湖水弄干捉鱼，明年湖中就无鱼可捞了；把树林烧光捉野兽，明年就无兽可捉了。如果把那些身强力壮，不到18岁的男子都征来当兵，以后还从哪里征兵？朝廷的租税杂役，又由谁来负担？"

唐太宗闻听此言，很懊悔自己的错误。他重新下了一道诏书：免征不到18岁的男子。

顺势建制

从五代十国至元代是我国历史上的近古时期。五代十国时期，各国财政制度不统一。后周世宗顺应社会的发展，进行财政改革，在一定程度上推动了经济的发展。

宋元之际各项经济制度的制定和实施呈现出新的特点，既有中原的制度，又有少数民族本族旧制。

中古时期的赋税和徭役几经变迁，顺势而建，促进了整个社会经济的进一步发展，从各个侧面显示出了这一时期的时代特征。

五代十国的赋役制度

五代十国时期的赋役征收仍沿用中唐的旧制，实行两税法，分为夏秋两季两次征收，并时常检核农民的现垦耕地，并据以确定岁租的额度。但各国在税收上也有不少自己的办法，比如在两税以外，有随田赋带征的附加税，主要有农器钱、酒曲钱、牛皮税和进际税等。

此外，还有按人征收的丁口钱、盐铁税、绢帛税等杂税。

由于战争的频繁，这一时期的兵役制度被各国普遍重视，也出现了许多不同的形式。

■ 朱温画像

■ 临《韩熙载夜宴图》局部

五代是指先后占据中原地区的5个王朝，即后梁、后唐、后晋、后汉、后周；十国是指在江淮以南据地称王的9个小国，即前蜀、后蜀、吴、南唐、吴越、闽、楚、荆南、南汉，外加在太原一带的北汉。

五代十国时期的赋役征收与徭役征发，无论在内容还是在形式上，都体现了鲜明的时代特色。

五代十国时期的赋税，主要包括田赋、专卖、关市税和各种杂税。

五代的田赋沿袭中唐旧制，行两税法，分夏秋两次征收。两税的纳税额，是按照土地的多少和田亩的优劣而制定的，史书记载了江南南唐的田税缴纳额：上田每顷税钱2100文，中田每顷税钱1800文，下田每顷税钱1500文。

两税的起征时间，在后唐明宗时，按照各地季节的早晚，规定了起征时间。在后周世宗时，明令规

后唐明宗（约866年—933年），李嗣源，沙陀部人，原名邈吉烈。李克用养子。五代后唐皇帝，谥"圣德和武皇帝"，庙号明宗。即位后杀酷吏，褒廉吏，罢宫人、伶官，废内库，注意民间疾苦。但因其不通汉文，难亲理朝政。又兼用人不明，以致变乱迭起。

■周世宗画像

定：夏税自6月1日起征，秋税自10月1日起征，从此永为定制。

除了田赋这一正税之外，还有"省耗"及"羡余"等。省耗是朝廷为补偿粮食在征纳过程中的损耗而增添的附加税额，随两税一起缴纳。

926年4月，后唐明宗下令罢纳。后汉隐帝时，复令人民缴纳省耗，规定于两税之外，每纳田税一斛，加征省耗两斗，百姓苦之。省耗的缴纳，一直延续至后周太祖即位，才下令免除。

以上各种加耗，多归地方朝廷，残余部分作为羡余上缴朝廷。除此之外，还有随田赋带征的附加税，主要有农器钱、酒曲钱、牛皮税和进际税等。

农器钱是对农民自制农具课的税。931年，后唐明宗因朝廷经营的农具质次价贵，农民不愿使用，改令百姓自铸，朝廷征收农具税。规定每亩纳农器钱1.5文，随夏秋两税缴纳。

五代的酒曲，有时官造，有时许民自造，朝廷征税，称为酒曲钱。后唐明宗于928年规定，诸道州府乡村人口，于夏秋田苗上，每亩纳酒曲钱5文，一任百姓造曲酿酒。酒曲钱按田亩计征，分夏秋两季征收。

牛皮税是因连年用兵而需制造衣甲的牛皮所设立

的税收项目。五代各朝都严禁人民私自买卖牛皮，农民的耕牛死后，皮及筋骨要全部交给朝廷，朝廷只付一定的钱。

当时对牛皮税的执行很严格。后汉时规定，凡私自买卖牛皮一寸者，处以重刑。后周太祖时规定，牛皮税按田亩摊派，凡种庄稼土地，每10顷要缴纳连牛角在内的牛皮一张。从而牛皮税也成了田赋附加税。

进际税为十国中的吴越所创。吴越国建立者钱镠占据两浙时规定，每40亩虚增6亩，亩纳绢3.4尺，米1.5斗。桑地10亩虚增8亩，每亩纳绢4.8尺。

五代十国时期，田赋除了缴纳两税之外，还有绢帛的征纳。十国中的楚国谋臣高郁治理湖南时，听说湖南民众自己采茶卖于北方商客，于是进行税收，以养军士。

当时为了促进楚国经济作物生产与发展，高郁下令此税可以用绢帛代替。如此一来，"民间机杼大盛"。楚国的政策促进了茶叶和丝织业的发展，也间接地促使生产方法与品种的改进。

由于战争不断，各国财力不足，五代十国对食盐的限制很严，实行食盐专卖或征税。

后梁时，沿袭唐制，实行民制、官收、商运、商销的办法。后唐时，规定盐民应纳盐税，每

钱镠（852年—932年），字具美，小字婆留，谥号武肃王，今浙江省杭州临安人。吴越国的创建者。他在位期间，曾征用大量民工，修建钱塘江海塘，又在太湖流域，普造堰闸，以时蓄洪，不畏旱涝，并建立水网圩区的维修制度，有利于这一地区的农业经济。

■南唐烈祖李昪像

■临《韩熙载夜宴图》局部

朱友贞 后梁末帝。在位期间，因为信用赵岩，外戚张汉鼎、张汉杰等人，大将出兵也派他们随往监视。赵岩等人又仗势弄权，卖官枉法，离间将相，赏罚不明，致使忠臣退避，上下离心，前线将领自相残杀，因此与后唐交战屡遭大败。

产一斗盐，要缴纳1.5斗的米作盐税。一般居民按户等征收盐税，户分5等，每户200文至1000文不等。

五代十国时期，朝廷对铁的专卖限制很严，全部由朝廷实行专卖，严禁人民铸造铁器。直至后唐明宗时才下诏开铁禁，允许百姓自铸农器、什器。但同时规定，于夏秋田亩之上，每亩纳农器钱1.5钱，随夏秋两税送纳。

五代十国时期，对酒有时实行专卖，有时实行征税。后梁时，未执行酒榷，听民自造，朝廷不加禁止。后唐时禁酒曲，朝廷实行酒专卖。对私造酒曲5斤以上的人，处以重罪。

五代十国时期，除了对农民征收赋役之外，对商人也予以重课。当时的商杂税主要包括关税、市税、茶税、商旅通行税、油税、蔬果税、桑税、桥道钱、牛租等。

五代十国时期，藩镇割据，各地广设关卡，对来往商人课税。

五代自后梁开始，各地设有场院，专门对商品的买卖征税，所征称为"市税"。当时市税税法很乱，几乎是逢物必税。后唐明宗时，曾下诏令整顿税法，确定征税商品的名目。五代时期，市税的税率约为2%。

五代十国时期，设置茶税场院，对茶叶征税。如后梁末帝朱友贞时，盐铁转运使敬翔奏请于雍州、河阳、徐州3处重要场院税茶。当时税率已无从考据。十国中的楚国，以茶税和茶专卖为朝廷主要税源。

五代十国时期，为了朝廷财政需要，在不同时期，不同地区征收多种杂税。吴越对捕鱼的税收，规定必须每日缴纳数斤，称之为"使宅鱼"。

五代十国时期的徭役是那个时代所决定的。五代主要实行募兵制。当时征集在乡的壮丁为兵，这就是乡兵。

后晋在各个道、州、府、县点征集乡兵，规定7家税户共出一兵，并以"武定军"为号，后改"天威军"。但因乡民不娴军旅，不久就取消了这一征兵方式。

■ 十国楚国钱币

除经常的庞大军费开支外，五代的军将对士兵的赏赐很多，比如后汉高祖刘知远就曾经把后宫所有资财拿来劳军。

兵役以外，还有土木修建的劳役。比如后梁荆州节度使高季兴建南平国后，曾经征发力役筑城，后又用力役修筑城的外郭和子城。此外，后唐庄宗盛暑修建营楼，都曾经征用大量力役。

十国的徭役制度散见于史料，主要反映在兵役和力役上。在十国之中，南唐的徭役制度，比较典型地反映出整个南朝的徭役情况。

南唐力役主要表现在船户力役、城建力役、宫殿力役、庙宇力役和苑囿力役等方面。由于江河纵横，船夫力役的征发相当突出。

这个时期是江南城市发展的黄金阶段，不仅都城的建造兴师动众，江南许多地方州城建设也紧锣密鼓。洪州、歙州、池州、润州等城池的修葺拓建，也必是力役所为。

营宫造殿，修庙造陵，在南唐显得尤其突出。今天，我们能从南唐后主李煜 "想得玉楼瑶殿影" "凤阁龙楼连霄汉，玉树琼枝作烟萝" "还似旧时游上苑，车如流水马如龙" 等词句中，遥想当年南唐宫苑雕栏玉砌的豪华盛景。这些词句，客观地反映了当年力役的伟大智慧。

阅读链接

李昇是南唐建立者，原称"徐知诰"。

他在位期间，勤于政事，有时日夜连续地批阅奏章，设宴奏乐之类享乐的事也很少做，为大臣们做出了表率。

但对于为国牺牲的人他毫不吝啬，一般都给家属3年的俸禄。对于农田的赋税也尽量公平，他派使者到各地去调查记录各户农田的肥瘠，然后分出等级纳税，百姓纷纷称其公允。从此江淮一带调兵和摊派赋役时就以土地的肥瘠为标准，杜绝了官吏的层层盘剥，从根本上减轻了百姓负担。

宋代赋税制度及徭役

宋代商品经济的发展广泛而深入，使宋代各项经济制度的制定和实施呈现出新的特点，而宋代赋税制度的变迁，正是这些特点的充分体现。

宋代赋税制度变迁所发挥的作用，有利于社会经济的进一步发展。宋朝徭役制度与赋税、保甲、胥吏等制度以及农民的生活等关系紧密，是朝廷对基层社会进行有效管理的重要制度，对宋朝社会的发展和国计民生具有很大的影响。

■ 宋太祖赵匡胤画像

宋代的赋税，沿用唐朝中期以来的两税制，夏秋两次征收。但宋代两税已不同于合租庸调制为一的两税，而是以田税为主，外加两税之外的杂税和徭役等。北宋和南宋的赋税和徭役各有不同。

北宋田税法令规定，向土地所有者按土地的数量好坏收税，每年夏、秋各收税一次，又叫夏税、秋苗、秋税。

每年秋收后按亩征收的粮食，在北方各地，大致是中等田每亩收获一石，纳官税一斗；在江南、福建等地，亩税3斗。宋代秋税一般不按实际产量抽税，而按亩定额征税，因各地农业生产情况不同，所以税额也有较大的差异。

夏税收钱，或折成绸、绢、绵、布、麦缴纳，在夏季田、蚕成熟时征收。税额依上、中、下田的等第按亩规定，但各地区也有很大的差别。

北宋的役法有差役和夫役。差役是地主对朝廷的职役，夫役是指农民被朝廷调发服劳役，它们是性质完全不同的两种制度。

差役又称职役，包括现任文武职官和州县胥史，以及形势户和官户。豪族称形势户，官员家属和他们的后代都称官户。王安石的免役法规定，形势户和官户享有免役特权。差役由主户中的一、

古代税赋

历代赋税与劳役制度

■ 传国玉玺

二、三等户，即大小地主充当。

衙前的职责是替朝廷看管仓库或押送财物。法定要由资产在200贯以上的一等户大地主充当。担当衙前职役，可免科配、折变，并可授予官衔，3年一升，最高可升到都知兵马使。

里正、户长、乡书手的职责是替朝廷督催赋税。里正催收租赋，有权捕人送县衙。户长是里正的副手。乡书手帮助里正办理文书。法定里正由一等户轮流充当，户长由二等户充当，乡书手由三等户充当。

按宋代法令规定，差役是在上户中按户等派差的。事实上，官户、形势户不服役，女户、单丁户、僧道都免役。充当弓手和壮丁者，要自备衣装弓弩；武艺熟练者，要随时准备服役。

夫役又称杂徭。负担夫役的多是下户的自耕农、半自耕农。同时，佃农编为客户，作为朝廷的编民，也要按丁口应夫役。因此，北宋的夫役主要来自自耕农、半自耕农和佃农。丁夫应役期间，朝廷也发一定的钱物。

夫役没有固定的时日规定。在春耕以前调发者称春夫，因工事急迫调发的称急夫。北宋的朝廷和地方官都可以调发农民应役。

较大规模的夫役项目是修浚河道，比如治理黄河水害，北宋几乎年年要调发役夫堵塞黄河决口或修筑

■ 王安石画像

南宋 是宋朝的继续，是北宋灭亡后宋室皇族在江南建立的政权。宋徽宗第九子康王赵构在北宋应天府南京，即今河南省商丘继承皇位，后迁都临安，史称南宋。存在时间是1127年至1279年。南宋是我国历史上经济发达、文化繁荣、科技进步的一个朝代。

黄河堤坝。大规模的治理工程调发河工几万至十几万。征调的地区远到河东、京西、淮南等路。征期一般需要一两个月。毋庸置疑，河工治理黄河是个伟大的历史功绩。

北宋的役包括职役和夫役两种，但两者的性质并不相同。职役不可与军旅及土木之役混为一谈，一般应当排除在徭役范畴之外。

从总体上看，北宋普通农民的徭役负担，较之前代确有减轻。其主要依据有：

第一，北宋时募兵制已占主导地位，兵源既不像唐代前期那样调集世袭军户，也不像南唐那样调集全国农民，而主要是来自招募和雇佣的普通老百姓。从这一点看出，北宋农民的兵役负担确有减轻。

第二，北宋农民的主要徭役负担是包括春夫和急夫在内的夫役。简单地说，春夫即是只在每年春季调集农民治理黄河，而急夫也只是临时调集百姓从事修桥、补路等土木工程。

第三，夫役雇法的推行。1077年10月，河北、京东、淮南等路出夫役，愿纳夫钱者听从其便，每夫三五百钱。此外，在某些地方百姓

甚至不再负担杂徭，只缴纳免夫钱。如今属河南的邓州淅川县，春夫交了免夫钱，就无须再服役。

其实，雇募丁夫的事早已出现于北宋初期。在当时，宋太祖赵匡胤曾一反役夫"不给口食"的古制，定下"一夫日给米二升"的夫粮制度。此后，夫役雇法在越来越多的范围内和场合下逐步推行。

宋室南迁后，朝廷采取大力发展社会经济的措施。这些措施对南宋的赋税和徭役产生了直接影响。

南宋时期，地主招募客户耕种土地，客户只向地主缴纳地租，不承担其他义务。这种租佃制在南宋普遍发展，在大部分地区，客户契约期满后可以退佃起移，人身依附关系大为减弱。

同时，客户直接编入宋朝户籍，承担朝廷某些赋役，不再是地主的"私属"，因而获得一定的人身自由。随着商品经济的发展，南宋农民可以比较自由地

■ 《清明上河图》局部

海上丝路 即海上丝绸之路，起点位于福建省泉州市，是陆上丝绸之路的延伸。它增加了由海路通往欧陆的方便性。在古代，我国即有海外交流，尤其是我国东南沿海的居民而言，更是显著。主要有东海起航线和南海起航线。

离土离乡，转向城市从事手工业或商业的活动。

在南宋官营手工业作坊中，雇佣制度代替了强制性指派和差人应役招募制度，工匠受到的人身束缚大为松弛。这种新的经济关系，不仅推动手工业经济的发展，又促发资本主义生产关系的萌芽。

南宋还设立义庄进行社会保障。义庄主要由科举入仕的士大夫凭其秩禄买田置办，用于出租，租金用来赈养族人的生活。义庄的设置在一定范围内保障了族人的经济生活。

南宋时期，农田得到更多的开垦，以"海上丝路"为主线的通商外贸发达，手工业生产也跃上新的台阶。伴随经济生活的发展，一些税赋种类的扩大是需要的。

同时，由于长期战乱这一不利环境导致的财政危机，南宋朝廷也迫切需要开辟其他税源。比如南宋初期开始征收的新杂税"经总制钱"等。

■五桅沙船模型

■ 宋代铁钱

经总制钱是经制钱和总制钱的合称。经制钱始于1122年，系经制江淮荆浙福建七路诸司财计的经制使陈遘所创。

包括转运司移用钱、出卖系官田舍钱、人户典卖田宅牛畜钱等。经制钱和总制钱两者征收后皆先管于各州，每季度起发往南宋行在。南宋以增赋为主的理财措施，还是起了一定的作用。

除了增加税种外，南宋朝廷还沿袭了北宋，主要有茶、盐、酒、矾等几项，涵盖了最为重要的生活必需品。南宋初年，局势混乱，两税无力开征或无法纳往朝廷时，朝廷开支几乎全部出自盐榷。当南宋政权稳定下来后，专卖收入牢牢地占据了财政的半壁江山。

阅读链接

在宋王朝建立之后，赵匡胤依据宰相赵普所提出的"削夺其权，制其钱谷，收其精兵"的12字方针，分别从政权、财权、军队这三个方面来削弱藩镇，以达到强干弱枝、居重驭轻的目的。

在"制其钱谷"方面，赵匡胤设置转运使来管理地方财政，并规定，各州的赋税收入除留下其正常的经费开支外，其余的一律送交京师，不得擅留。这样，既增加了朝廷的财政收入，又使地方无法拥有对抗朝廷的物质基础。

辽西夏金赋税和徭役

　　辽、西夏和金三朝的赋税制度及徭役制度各具不同特点，其税法和役法既有本族旧制，又有中原的制度；既接受唐制的影响，又直接承袭宋旧制。

　　辽代赋役制度，是在实践中不断充实、完善的。其制既有因循，又有某些改变，因而从各个侧面显示出这一时期的时代特征。

■金世宗蜡像

辽朝的赋税制度沿袭后唐旧制，实行夏、秋两税制，并依据不同地区经济发展状况而制定的，大体可分为州县、部族与属国、属部三种类型。其赋税征收的对象，一是从事农耕的州县民户；二是隶属辽朝部族的契丹等族的部民；三是边远地区的少数民族部族。

隶属州县的民户，是从事农耕的汉族、渤海族等州县的农民。朝廷每年征收田地税两次，即6月至9月为一次，10月至11月为第二次。主要包括匹帛钱、地钱、鞋钱、盐铁钱等。

■ 辽代人物蜡像

匹帛钱是在纳税以外，每匹帛再纳钱若干文。地钱是在正税以外每亩另缴若干文，鞋钱是照地亩数再纳军鞋若干双而规定的钱数叫作鞋钱。

盐铁钱为盐税与铁税。盐铁自汉唐以来，始终为朝廷专卖，辽朝也不例外。辽境内产盐很多，上京有广济湖盐泺，西京有丰州大盐泺，南京有香河、永济两盐院。上京设盐铁司，用以管理朝廷盐铁税收事宜。

辽朝的赋税，各地区间有所差别。东京道原属渤海人聚居的地区，其中的酒税可以免征，盐禁也较松弛；辽东地区为渤海人所居之地，对辽东地区赋税的征收，较其他地区为轻，这是为安抚渤海遗民而采取的特殊政策。

头下军州民户的赋税征收，与一般州县有别。关于头下军州的赋

税，元好问在《中州集·李晏传》中说道：头下军州内的民户要向头下主和朝廷各缴纳租税。头下户既纳租于官，而且纳课给其主，寺院两税户也是如此。

辽朝的两税户，不但指州县头下户，还包括寺院的两税户。辽朝崇佛，皇室贵族乃至地主和普通民众，都尽其所能，把田产、钱财、房舍、人户捐赠给寺院。

寺院的田产、房产因此而逐年增多。其中的"人五十户"，是指随同田产一同捐赠给寺院的民户。他们依附于寺院主，每年收成所得，要纳租给朝廷，还要纳课给寺院主。

契丹、奚族部民隶属辽内部族，也承担辽朝的赋税。契丹部民从事农耕者，要向朝廷缴纳赋税，出劳役。契丹、奚族等部民，不但要承担朝廷官员的俸秩供给，还要担负俸秩外杂畜的供给。

地处边疆地区的少数民族，与居于辽内地的居民不同，他们每年只需向朝廷提供土特产品，如貂皮、马匹、骆驼等，但数额也不小。

在东北地区，越里笃、剖阿里、奥里米、蒲奴里、铁骊等五部岁贡貂皮6.5万张、马300匹；西北地区阻卜诸部，每年向朝廷的岁贡也有定额。其他如乌古部、敌烈部、鼻骨德部、于厥里部、术不姑部、女直部，每年都要向辽朝进贡数额较大的土特产品。

辽朝对少数民族部族的贡赋，时有减免。

辽朝境内的牧民、农民以及诸属国、属部都承担着向朝廷提供劳役和军役的义务。由于身份、地位不同，所承担的徭役名目也多种多样。而官僚、贵族、诸节度使等却享有免役特权。

随着辽朝政治、经济形势的发展，制度逐渐完善，赋役制度也经历了形成和完善的过程，大抵在辽圣宗时期逐渐确定下来。

契丹和奚人诸部牧民需出力役，承担修桥、筑路、搬运官物及其他工程。充役人数时有缩减。

当有军情时，皇帝视所需，征调诸宫卫、诸王府

辽圣宗（972年—1031年），耶律隆绪，小字文殊奴。景宗耶律贤长子，辽朝第六位皇帝，辽朝在位时间最长的皇帝，终年61岁。幼年继位，亲政前由母后萧绰签署澶渊之盟，使宋辽处于长期和平，38岁正式亲政，执政政策大体继承景宗与萧绰时期，使辽朝完成封建化，达到全盛。

■辽代官员出行图

■ 李元昊雕像 党项族人，原为拓跋氏。西夏开国皇帝，谥号"武烈皇帝"，庙号景宗。他通汉、蕃语言，精绘画，多才多艺。但他本人也有不足之处。猜忌功臣，稍有不满即罢或杀，导致日后母党专权；另外，晚年沉湎酒色，好大喜功，导致西夏内部日益腐朽，众叛亲离。

和诸部族军。诸部民则需自备武器、鞍马随从节度使出征。平时，诸部也各有戍边兵役。诸部戍军由节度使管领，屯驻戍守地区。老弱贫病者留居部落，由司徒管领从事耕牧。

徭役农户向朝廷提供的力役，有驿递、马牛、乡正、厅隶、仓司等。主要用于运输、保管官物，维持地方秩序，供朝廷驱使以及修河、筑路等工程。

西夏建国初期，由于对宋朝频繁发动战争，军需粮饷主要靠对宋夏沿边地区的掠夺。西夏中期是西夏封建经济发展的鼎盛时期。西夏仁宗天盛时期颁行的《天盛改旧新定律令》中有关西夏赋役制度的规定完备而详尽。

《天盛改旧新定律令》的第十五章至第十七章中关于农业租税条，对夏国不同地区、不同农作物的纳租标准、数量、纳租时限、入库，及逾期不缴和逃租者的处罚等都规定至详。

如规定无官方谕文，不许擅自收取租户钱物及摊派杂役；农民可在所租土地边上的沼泽、荒地上开垦种植，3年不纳租税。超过3年后，一亩纳谷物3升。遇到严重的自然灾害，朝廷也实行局部免税措施。

除地租税收外，工商税也是西夏朝廷税收的大宗。《天盛改旧新定律令》对工商业税收有详细的规定。如店铺开业、牲畜乘船、边境贸易、典当，甚至说媒、求助等，都缴纳税金或实物税。西夏还实行盐、酒专卖，"三司"设盐铁使专门管理盐铁生产。

西夏的徭役，包括兵役和力役。西夏实行全民皆兵制度，凡成丁者都要承担兵役。其中分直接担负战斗的"正军"和军中劳役"负赡"。正军除朝廷给予的军事装备外，要自备弓箭、盔甲等。

李元昊继位后，西夏都大规模征调民夫修筑黄河水利。历朝皇帝都不惜民力，役民兴修都城、宫室、陵寝、寺庙。

金朝赋税中的牛头税也叫牛具税，是女真族军事和社会组织单位猛安谋克中的各户向朝廷所承担的一种地税。在金太宗以前，赋税征收没有定制，根据需要的多少而定。后来牛头税的征收始由无定制发展为定制。

西夏仁宗（1124年—1193年），崇宗之子，西夏第五代皇帝。在我国的历史上是一个比较有作为的皇帝，他指定《新法》，确立封建土地所有制。在位期间，设立学校，推广教育；确立科举制，封建制在西夏确立了。仁宗时是西夏的鼎盛时期。

■辽代将军雕像

牛头税的征收由土地占有关系的性质而定。分配到牛头地的猛安谋克户，不分贵族与一般平民，都要按规定缴纳牛头税，征收额每牛固定为一石或5斗不等，不分收获多少，都缴纳税粟。

牛头税不是向猛安谋克户中的奴婢口征收，而是向占有土地的猛安谋克户征收，这是金朝女真族奴隶制的税制不同于封建制税制的最重要的标志。

金朝赋税中的物力钱是按物力征钱的资产税。金朝物力钱的征收，主要是根据土地、奴婢、园地、屋舍、车马、牛羊、树艺，以及货币等资产征收赋税。

金初的物力征赋调，曾实行3年一大比制度。大比，就是每到3年，使天下通检民数和物力，重新进行登记，以便征课赋调。

至金世宗时，由于猛安谋克内部贫富变易，版籍不实，赋调不均，特别是新的封建关系的增长，一方面为防止猛安谋克内部变化，抑制女真贵族；另一方面为对汉族等人民增加赋敛，因而需要在金的全区域内进行统一的物力钱的征收。因此，按物力征钱是金朝增加税收的一种手段。

金朝两税是继五代、辽、宋之后发展而来的，但

■金代贞祐宝券纸币

■西夏王国官员办公蜡像

它与辽、宋旧制比较，并非原封不动的承袭和照搬，而是在原有的基础上又有了发展和改进。金朝的制度是官地纳租，私田纳税。

关于两税的征收额和限期的规定是：夏税亩取三合，秋税亩取5升，此外纳秸一束，一束15斤。夏税缴纳期限，起6月，止8月；纳秋税期限，起10月，止12月，分为初、中、末三限。

金朝两税征收内容与宋不同，宋之两税中有钱，并且计钱扭折为绢帛之类，金则夏秋两税皆纳粟米，无按田亩征税钱并扭折为绢帛之事。绢帛之税另以户调的形式出现，因之金朝两税实际上已发展为纯粹的地税的形式。

金朝两税已成为纯粹的地税，物力钱的征课属资产税，同时在两税、物力钱之外有户调的征收制度。金朝法律规定，民田必须以其地的十分之三为桑地，猛安谋克田必须以其地的十分之一为桑田，或40亩种桑一亩。除枯补新，严禁毁树木。

金朝不仅按制令百姓种桑，同时也有征收丝绵绢税之制。此制分季缴纳，所以有"夏绢"之称。但绢税已从两税分出，它既不随田亩缴纳，也不是田亩的附加税。

金朝役法包括职役、兵役、力役。职役基本承宋旧制而来。金在京、府、州、县分别设置坊正、里正、主首、壮丁，同宋的里正、户长、壮丁颇同。坊正、里正都由富家出钱雇募，而主首、壮丁也可能由雇募充任。

兵役实行签兵制度，是按每户物力和人户丁力两种方法进行。《建炎以来系年要录》记载："金人民兵之法有二：一曰家户军，以家产高下定之；一曰人丁军，以丁数多寡定之。"

这种签军的办法，实际上把有物力负担的课役户与无物力负担的不课役户，统统作为签发的对象。而且被签发之后，还要自备衣粮。

力役同宋代一样也是可以出钱代役。力役调集有民夫、工匠等。近者不下百里，远者不下千里，近者回家，往往要经半年时间，远者则需年末到家。

金朝品官免役与宋略同。金世宗即位后，下诏蠲除部分力役，把海陵王时征发南攻士兵大量裁减还家，也算是减轻兵役负担的一种措施。这些措施在一定程度上对缓和社会矛盾是有利的。

阅读链接

金朝有一个被誉为"小尧舜"的皇帝，他就是金世宗完颜雍。金世宗在"减轻农民负担"方面是很有建树的古代名君。

海陵时农民的徭役、兵役负担非常严重。为营建中都和南京，海陵王役使人夫工匠达300余万；发动对宋战争，征发壮丁达27万。

金世宗即位后，1162年正月，命河北、山东、陕西等路将征发的步军放还回家。1165年，对宋战争结束后，又命除留守江淮的6万戍军外，其余的都放还。

元代赋税和徭役制度

元代的赋税制度和徭役制度同朝廷的经济、政治制度一样，是我国封建社会赋役制度的承继，同时也有许多特异之处，对元朝的兴衰有着重要的影响。

元朝的田赋和其他赋税呈现南北异制，就是同一地区的赋税，制度有很大差别。原因在于：统治者征服各地的时间不同，只能因时立制，不可能强求统一。

元代的商税和盐税较之以前有所发展，并规定赋税征钞；元代建立赋役册籍，强化里社制度，保障了徭役征发。

■ 元世祖画像

■ 元世祖蜡像

元太宗 元太祖成吉思汗的第三子。蒙古帝国可汗，史称"窝阔台汗"，谥号"英文皇帝"。在位期间成功完全征服中亚、华北和东欧。他设立中书省，标志着军政合一制开始发生分化，从此开始了蒙古政权和元朝的一系列汉化即封建化改革。

元朝赋税制度南北异制，就是同一地区的赋税，制度也有很大差别。同时，元代由于商业的繁盛，使商税无论是品类还是数额都有明显增加，成为元朝财政的主要收入之一。

此外，因为元代货币经济发达，朝廷以钞为法定通货，因此在赋税中采取征钞的办法。这些有别于前代的赋税特点，体现在元代各个方面的赋税法规中。

元太宗即位之初，接受耶律楚材建议，初定地税之法，地税的税率"上田亩税3.5升，中田3升，下田2升，水田5升"。元世祖时，除江东、浙西外，其他地区只征收秋税。

1282年，江南税粮按宋旧制折纳绵绢杂物。1296年，才开始确定在江南征收夏税，以木棉、布、绢、丝等物缴纳。

元世祖之初，曾多次进行括田，履亩征税。这种括田，虽有增加田赋的意义，但以均平田赋为主。

1314年，元世祖采用大臣奏议，实行经理法，旨在括隐田，增赋税。首先张榜，晓谕百姓，限40天内，将其家所有田产田赋，自己向官府呈报，如有作弊，告发得实，或杖或流，所隐田产没官。

元代初年，继续实行盐专卖，盐利是元财政收入的主要支柱。元朝廷对其所属盐场实行不同的税率制度，因地而异。朝廷对盐实行定额税，以白银缴纳。

元代的茶税也是朝廷的一项大宗收入。元代茶税制度基本上是因袭了南宋旧制，实行茶专卖，间或在某一时期或地区征税，或两者并行。

1288年，元朝颁布《榷茶条画》，其主要内容有：茶园不得纵头匹损坏；差官巡绰出差札者，不得夹带私茶；蒙古万户、千户头目人等，不得非理婪索榷茶酒食撒花等物。

除上述盐茶专卖外，元对酒醋等也实行专卖并课

耶律楚材 字晋卿，号玉泉老人，法号湛然居士，蒙古名为吾图撒合里，杰出政治家，蒙古帝国时期大臣。出身于契丹贵族家庭。是辽太祖耶律阿保机的九世孙。他对成吉思汗及其子孙产生深远影响，他采取的各种措施为元朝的建立奠定基础。

■ 记载赋税劳役的《元史》书影

税。元代对酒醋征税始于1230年1月。

当时的规定是酒醋同税，税率为十取其一。由于征收困难，特别是为了保证粮食的基本用途，所以实行官制官卖，设立了酒醋务坊场官，专管酒醋制造和买卖事宜。至元代后期，实行榷征的办法，并大兴造酒场所。

元代的酒醋税大都以银钞缴纳，这就是"赋税征钞"的特点。但偶尔也征收实物，如粮食。酒醋税一直是元代重要的财政来源，减免情况甚少，加上大多实行专管，收入比较稳定。

元代时期的牲畜税在当时称为"羊马抽分"，是元代建立以前就有的蒙古最古老的税种。有资料记载的元代牲畜税始于1229年8月，当时由于战争的需要，规定凡蒙古人有马百匹者及有牛、羊百头者，各纳其一。这种办法一直持续至元代建立以后，前后近70年没有大的变化。

八思巴文印

元代还实行市舶课税法。元承宋制，对国内与海外诸国往还贸易的商舶及海外诸国来华贸易的船只，统称市舶。对中外船舶所载货物的抽分与课税，叫市舶课。

元代市舶课制度，初期沿袭宋朝旧制，实行抽分法，即对进出口货物抽取定量实物。抽分之后，随客商买卖，在贩卖时另征商税。为鼓励土货出口，曾实行双抽、单抽之法，对土货实行单抽，对蕃货实行双抽，即加倍征收。

元代商税是一种交易税，收入主要来自全国三四十处大中城市，但在财政收入的钱钞部分占有重要地位，其重要性仅次于盐课。

1270年1月，忽必烈立尚书省，以回族人阿合马平章尚书省事。阿合马长于理财，采取多种措施，增加国库收入。阿合马规定了应征商税的总额，这成为有元一代通行的制度。

■ 元代的至元元年铜权 这个铜权为青铜铸成，铸成于元朝至元年间。通高10.05厘米，厚3.5厘米，底面直径5厘米。上面有方形穿鼻，下面是六面体塔形，底座是喇叭形。正面刻有"至元元年"字样，背面刻有"提督监造"字样。它为研究元代的政治、经济、文化、计量等方面提供了重要实物资料。

元代把大部分徭役作为专业，分拨一部分人户世代担负，如负担驿站铺马的站户，还有猎户、盐户、窑户、矿冶户、运粮船户等，这些人户与民户异籍。民户不负担这些专业性的徭役，但这些专业户计负担的其他徭役则由民户按户等分担。

元代的户籍制度十分繁杂。朝廷将全国人口按民族分为4等，即蒙古、色目、汉人、南人，并根据职业上的区别，分为军户、站户、匠户、僧道户、儒人户、种田户等多种。

根据社会地位分成官户、民户、驱丁户等；按籍户的先后分元管户、交参户、漏籍户、协济户等；按科差负担额分丝银全科户、减半课户、止纳丝户、推丝户等。每户等的待遇不同，赋役负担差异很大。

为了便于对户口的控制和赋役的征发，元代建立

■元武宗画像

了一套赋役册籍。朝廷凭借这些册籍控制土地、户口，征发田赋、徭役。这种赋役册籍后来为明代赋役黄册所借鉴。

徭役民户所负担的徭役，有筑城、排河、运粮、采打、木植、制作船只器甲、马草等都自民间征发。元初修建大都，每年都征发成千上万的民夫来采运木石。

元代职役包括里正、主首、社长、库子等名目。里正秉承朝廷的指令，管理里社居民；主首催办赋税；社长功课农桑，纠监非违；库子管理仓库，主要由上等户计承充。担负职役的人就可以免服本身其他差徭。

元代的兵役制度，其方式则因民族不同而略有区别，对蒙古各部采用成年男子皆兵的办法征集士兵，其他民族实行军户制度。

蒙古各部15岁至70岁的成年男子，不分贵贱和家庭人口数量，都有服兵役的义务。成年男子平时从事牧业生产或其他工作，一旦战争需要，或者全体出征；或者"十人抽一""十人抽二"，抽调部分人出征。

元代订立了专门的军籍。入军籍的人户，就成为

里正 战国时秦国居民区一里之长。后世封建统治者为了巩固专政，在县级以下，设立了乡和里，其中一"里"单位的长官为里正。乡、里虽然没有正式的政权机关，但是在宋代，统治者依靠乡间地主，统治和控制广大农民。

军户。在中原汉民户中签发的士兵，也都订立了军籍。列名汉军军籍的人户，就是汉军军户。凡被定入军籍的人，按照朝廷的规定，不得改为其他户计。

汉军军户的签发，是以民户的财产和劳动力状况为依据的。元代民户分为上、中、下三级9等，军户一般来源于中户。各军户的财力和丁口情况毕竟会有很大差别，针对部分军户无丁或无力服兵役的状况，朝廷很快推行了正贴户制度。

依据军户的不同情况，可以两三户或四五户合出军一名，出人当兵的户就是正军户，又称军头；其他各户出钱资助，称为贴军户。

正、贴军户由朝廷指定，不能随意改变。如果正军户缺乏可以当兵的合适人丁，由有丁的贴军户顶替，正军户改为出钱资助。一旦正军户中有了合适的人丁，便要继续出军。

军户世世代代都要服兵役，不能改变。军人如果在出征或出戍时逃亡，要到原籍勾销，然后取他的兄弟子侄来顶替。朝廷所明令禁止探马赤军户以奴隶代服兵役。

如果军人在阵前战死，本户军役可以存恤一年，病死者存恤半年，到期继续出军服兵役。在战

元代人物蜡像

■元代至元通行宝钞模板

争期间，军人没有假期。战争结束后，军人通常可以放还存恤一年或数年。

元朝廷还采取了"番直"或"更戍"即轮流休假的方法，给军户以休养的机会。但有些边远地区往来不便，更戍时间往往长得多，两三年甚至6年才能休假一次。

作为军户承担兵役的补偿，朝廷在赋役方面对军户实行豁免和优待。汉军军户和探马赤军户从事农耕者，免缴4顷地的12石税粮。

军户制的实行，可以保证朝廷有稳定的兵源，又可以维持一支庞大的军队也使朝廷负担不致过重。至元末农民战争前夕，军户制已经完全崩溃。

阅读链接

蒙古向外扩张时，只是掠夺，不知赋税为何物，更不知赋税对于经营中原地区的巨大作用。

但是耶律楚材已经看到这一点并有了初步治理的计划，他积极制定赋税征收制度，加强对地方征收赋税官员及各位王公大臣的监督。

忽必烈即位后，秉承耶律楚材时期的赋税制度，并在旧制的基础上明确规定缴纳时期、收受之法，使之更趋完善。这标志着对中原经济模式农业经济的认同。可见耶律楚材在赋税上的贡献是前无古人的。

应时改化

明清两代是我国历史上的近世时期。这一时期，为了适应封建经济发展和政治的需要，明清两代都对赋税制度进行大力改革。

明代内阁首辅张居正推行的一条鞭法，有利于农业商品化和资本主义萌芽的增长，是我国赋役史上的一次重大改革。

清代雍正帝推行的"摊丁入亩"，废除了"人头税"，减少了封建朝廷对农民的人身控制，对我国的人口增长和社会经济发展有重要意义。

明代赋税制度及转化

随着经济、政治的发展变化，明代的赋税由赋役制向租税制转化，对人税逐渐向对物税转化，从实物征收逐渐向货币征收转化，从民收民解逐渐向官解转化。

其间制定的"鱼鳞册"和"赋役黄册"，以及明代后期的"一条鞭法"，可以充分体现上述转化与完善的过程。其"一条鞭法"新税制，是我国赋税制度继两税法之后又一次重大的改革。

■ 明太祖朱元璋画像

■ 明代人物蜡像

封建政权的基础是土地和人民。朱元璋深谙此道，他在推翻元朝后，为增加财政收入，制定了"鱼鳞册"和"赋役黄册"，将全国的土地和人民编管起来，为朝廷纳粮当差。

鱼鳞册是为征派赋役和保护封建土地所有权而编制的土地登记簿册。赋役黄册又称明代黄册，是明代朝廷为核实户口、征调赋役而制成的户口版籍。

鱼鳞册也称"鱼鳞图""鱼鳞图籍"和"鱼鳞簿"，是将田地山塘挨次排列、逐段连缀地绘制在一起，标明所有人甚至点，因其形似鱼鳞而被称为"鱼鳞册"。

明代鱼鳞图册，就其所登记的项目而言，已是相当完备的土地登记册。它的编制，使赋役的征收具备了确实根据，多少防止了产去税存或有产无税的弊端，使朝廷税收有了保证，耕地及税额也有所增长。

朱元璋 字国瑞，原名朱重八，后取名为兴宗。明代开国皇帝，谥号"开天行道肇纪立极大圣至神仁文义武俊德成功高皇帝"，庙号太祖。他在位期间，结束了元朝民族等级制度，恢复生产，整治贪官，其统治时期被称为"洪武之治"。

鱼鳞册的编制，对于巩固高度专制主义朝廷集权的经济基础，曾发挥了较大的作用。

除了通过鱼鳞册确定赋役基础外，明代还制定了"赋役黄册"，核实户口，以便征调赋役。前者用于括地，后者用于括户。

黄册的前身是户帖。户帖备开籍贯、丁口、产业于上，以字号编为勘合，用半印钤记，籍藏于部，帖给予户。户帖既是户籍的根据，又是征收赋役的凭证。黄册是在户帖的基础上产生的。

■ 明代发行的大明通行宝钞

明初户口主要包括提供兵役的军户和提供赋役的民户，另外有很多名目的贱民户口，如手工业、煮盐业和娱乐业方面的匠户、灶户和乐户等。各种户籍居民都有固定的住所，没有"路引"也就是基层朝廷开具的介绍信，不得离开住所百千米之外。

民户的情况都要登记在册，这是赋税的基本依据。于是，1381年1月，朱元璋以徭役不均，命户部令全国郡县编黄册制度。

黄册以户为单位，详细登载乡贯、姓名、年龄、丁口、田宅、资产，并按从事职业划定户籍，主要分为民籍、军籍、匠籍三大类。

民籍除一般应役的民户外，还有儒、医、阴阳

户部 我国古代官署名，为掌管户籍财经的机关，长官为户部尚书，曾称地官、大司徒、大司农等。明清时期户部掌全国疆土、田地、户籍、赋税、俸饷及一切财政事宜。其内部办理政务按地区分工而设司。各司除掌核本省钱粮外，也兼管其他衙门的部分庶务，职责多有交叉。

等户。军籍除一般供应军役的军户以外，还有校尉、力士、弓、铺兵等。匠籍登记手工业户，向朝廷承应工匠差役以及厨役、裁缝、马、船等。

此外，在南直隶、浙江、湖广、江西、福建等田赋数额较多的省份，明代朝廷还陆续建立了粮长制度。

粮长的编派，大致是"以万石为率，其中田土多者为粮长，督其乡之赋税"。

不久粮长还有了被称为"区"的明确的地域管辖范围，而"区"则是以"都"为基础划分的，根据税粮数的多少，有的地方是一都设置一区或数区，有的地方则是数都合并为一区。

赋役黄册的编制，使在册之人都无例外地为朝廷担负赋税和徭役，在一定程度上解决了赋役不均的问题，增加了朝廷财政收入，有利于朝廷建设。

明代前期的田赋，分夏税和秋粮，夏税不过8月，秋粮不过明年2月。夏税以麦为主，秋粮以米为主。但均得以银钞钱绢代纳。例如，

■明代皇帝亲耕蜡像

一石米或折银一两，或折钱千丈，或折钞10贯。麦的折算比米减五分之一。凡以米麦缴纳者，称为本色，而以其他实物折纳者，称为折色。

征收的税率，一般通则，官田亩税五升三合五勺；民田减两升，即三升三合五勺；重租四八升五合五勺等。浙西地区土质肥沃，则税率相应较高。

明代前期赋税制度尚称严整，但至明代中期时社会经济状况有所变化，大量田地迅速向地主手中集中。鱼鳞册和黄册与事实不符，富户权贵，田连阡陌而不纳税，贫苦农民往往地少而需纳税。

有的地方自行捏造簿册，名叫白册，破坏了赋役的依据。在这种情况下，挽救财政危机，重新清查土地和户口，改革赋税制度，已经势在必行。

1578年，明朝廷根据张居正的建议，下令清丈全国的土地，包括有功勋的皇亲国戚的庄田和军屯在内。在清丈出土地实有数目后，1581年，朝廷通令全国实行"一条鞭法"赋税制度。

张居正把当时各种名目的赋税和劳役合并起来，并且折合银两征收，称为一条鞭法，又

古代税赋

历代赋税与劳役制度

■ 明代一贯钞版

称一条编法。具体有以下内容：

一是清丈土地，扩大征收面，使税负相对均平。针对当时存在的占地多者田增而税减的情况，只有从清丈土地入手，才能做到赋役均平。仅据部分清丈的结果，就增加了土地2.8亿亩，使不少地主隐瞒的土地缴了税。

二是统一赋役，限制苛扰，使税负趋于稳定。实行一条鞭法以前是赋役分开。赋以田亩纳课，役以户丁征集，赋役之外还有名目繁多的方物、土贡之类的额外加派。

■ 明代金锭

实行一条鞭法以后，全部简并为一体。将役归于地，计亩征收；把力役改为雇役，由朝廷雇人代役。由于赋役统一，各级官吏难以巧立名目。因此，丛弊为之一清，使税赋趋向稳定，农民得以稍安。

三是计亩征银，官收官解，使征收办法更加完备。一条鞭法实行以后，不仅差役全部改为银差，而且田赋除苏杭等少数地区仍征实物以供皇室食用之外，其余也均已一律改征折色，即折为色银。

与此同时，赋役征课也不再由里长、粮长办理，改由地方官吏直接征收，解缴入库。从此，不按实物

方物 本地产物；土产。在我国古代，臣民及附属国多向我国封建王朝贡献方物。我国古代的附属国，各个朝代都不同。其中明代的附属国最多。如朝鲜、日本、越南，以及南亚所有的沿海朝廷，西亚大多数沿海朝廷，非洲东海岸大多数朝廷等。

明代官吏蜡像

征课，省却了缴纳储存之费；不由保甲人员代办征解，免除了侵蚀分款之弊，使征收方法更加完善。

就役银由户丁摊入地亩的比例而言，除明代晚期少数地区将役银全部摊入地亩，户丁不再负担役银者外，可以归纳为三类：

一是以丁为主，以田为辅，以州县为单位，将役银中的小部分摊入地亩，户丁仍承担大部分役银；二是按丁田平均分摊役银，即将州县役银的一半摊入地亩，另一半由户丁承担；三是以田为主，以丁为辅，即将州县役银中的大部分摊入地亩，其余小部分由户丁承担。

一条鞭法新税制，将明初的赋役制度化繁为简，并为一条，并将征收实物为主改为以征收银两为主，即由实物税改为货币税，结束了我国历史上实行了2000多年的征米之征、布帛之征和力役之征税制体系，可以说是我国赋税制度继两税法之后又一次重大的改革。

阅读链接

我国著名历史学家吴晗在《朱元璋传》一书中，对朱元璋成了明代开国皇帝之后的种种表现作了实事求是而又比较辩证的分析。

朱元璋在建国之初做了很多事情，致力于安定社会。其中重要的是朱元璋采取减免赋税，清丈田亩，与民屯田，开垦荒地，以及兴修水利等措施，促使农村生产力的发展。他下令在他所控制的地区，凡桑、麻、谷、粟、税粮、徭役，免征3年。由此可见，朱元璋对明代税役制度的建立起到了重要作用。

明代征役机制的建立

明代的鱼鳞册和赋役黄册，充分证明了明代役法原则中存在着田土和人口与徭役之间的密切关系，朝廷按图索骥，就可以完成大量徭役的征发。

在那些行之有效的行政机制管理下，里甲、杂泛、均徭和兵役，成为明代徭役的主要项目。

明代推行的"一条鞭法"标志着白银货币化的最终完成，同时也表明征银是国家增加税收的有效方法。

■ 朱棣画像

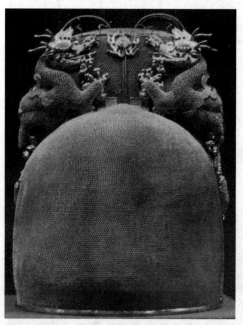

■ 明代翼善冠 是冠的一种，是明代皇帝、藩王、亲王、郡王等所着之首服，也是朝鲜王朝国王及王世子、安南国王、琉球国国王的首服。源于唐代的幞头，唐代男子兴头戴软脚幞头身穿圆领袍服，幞头用以缠裹头发及发髻。宋代时，出现官员公服的展脚幞头，外形方正。明代官员所着公服便沿袭宋代。而常服则是圆领袍搭配展翅的幞头，俗称乌纱帽，因而君与王所戴的则是两翅向上折的，故称"翼善冠"。

明王朝通过编制的鱼鳞册和赋役黄册，根据具体的情况，采取相应的措施，既保证了朝廷税收，又使徭役能够正常征派。明初的徭役还是比较轻的。

通过鱼鳞册和赋役黄册，查知人户中躲避徭役的逃户，督令逃户复业，并免徭役一年；查知老弱不能归乡的，就地登记户籍，授给田地，据田赋税。

明代在徭役年龄方面的规定是，年16岁为成丁，开始服役，60岁始免。在徭役类别方面，主要有里甲、杂泛、均徭和兵役的徭役。

里甲是明代社会基层组织。城市中的里又称坊，近城者则称厢。每里人户为110户。里甲制于1370年开始在江南个别地区实行，1387年，经户部尚书范敏倡议，推行于全国城乡。

一里之中多推丁粮较多的10户为里长，其余百户分为10甲，甲设甲首。里长对上级朝廷负责，管束所属人户，统计本里人户丁产的消长变化，监督人户生产事宜，调理里内民事纠纷，并以丁粮和财产多寡为序，按赋役黄册排年应役。

里长之外，各里还设有里老人之职，负责教化、劝农以及对民间轻微案件的审理。

里甲制度下的里，依各地情况而不同。有的地方一里包括几个村落，有的地方一个村落分成几个里。

因为当时乡村环境的差别，再加上各地方言的不同，所以里的名称也随各地情况而有差异，有不同的称呼。例如，在北方里常称为"社"，在福建也有称里为"社"的特例。

以里甲为单位编派的徭役，称里役或甲役，有正役和杂泛差役两种。里甲正役是里甲人户应当的重要差役。里甲正役主要任务包括以下3项：

一是征收税粮。税粮包括夏税和秋粮，分别在夏秋两季依地亩由里甲负责催收。若里甲有逃亡人户，税粮照征，由里甲赔纳。

二是办理上贡物料。历代沿袭，各地方以其物产上贡。明代天子及军国所需等物料都来自里甲、科派民间。北方的府、州、县上贡的比较少，南方尤其是江南地区比较多。如遇派纳的物料非本地所产，里甲人户必须出银购买。

三是支应朝廷的公用。一些地方衙门中的听使唤的皂隶、在监狱中看守罪犯的禁子、掌管官库的库子、管官仓、务场、局院的斗级等均出自里甲。

■大明通行宝钞

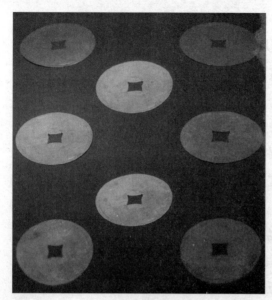

■ 明代的金币

官员们的生活用具，学校生员的用项，乡官的年例礼物、夫役，地方上的乡饮酒礼费用，送生员赴考的路费，为进士和节妇建立牌坊，馈送过往官员，支应驿夫铺陈酒食等，均由里甲备办。

明代中叶后，随着一条鞭法的实行，里甲正役逐渐摊入地亩，折银征收，雇募应役，里甲应役之法逐步废弃，里甲逐渐失去其原来的作用。

杂泛是元明时期与正役相区别的徭役制度。杂泛主要是征发民夫从事造建官舍，治理河渠，修建城池，递运官物等项力役。

杂泛差役的差充是根据资产和丁力进行的。由于官吏士绅的徭役可以优免，豪强地主可以买通官府，所以杂泛差役多由贫苦农民负担。明代以民户丁粮多寡、产业厚薄为基准，分别编签人丁从事不定期的杂泛差役。

赋役黄册定民户为3等9级，凡遇徭役，发册验其轻重，按照所分上中下3等人户当差。

此类杂泛差役，按服役对象，可分为京役、府役、县役及王府役。

按服役性质，可分为官厅差遣之役如皂隶、门

生员 俗称秀才。是经过院试，得到入学资格的士人，也是士大夫的最基层。对府、州、县学生员也称庠生。又有贡生、监生等名目，统称诸生。生员常受本地教官及学政监督考核。生员的名目分廪膳生、增广生、附生。

子、斋夫、膳夫等，有征解税粮之役如解户、贴解户、巡拦、书手等，仓库之役如库子、斗级等，驿递之役如馆夫、水手、铺司、铺兵、渡夫等，刑狱之役如禁子、弓兵、狱卒、防夫、民壮等，土木之役如民夫、柴夫、闸夫、坝夫、浅夫等。

随着杂泛差役的征发日趋频繁，明正统年间出现了均徭法。即定期编审，在赋役黄册外另编均徭册，以税粮人丁多寡为基准均摊杂役。

均徭因其按户等人丁编排，均纳徭役，故称均徭。1436年，江西金事创行均徭法，将经常性差役从杂役中划出，成为一种徭役制度，明弘治时在全国推行。凡省、府、州、县衙门的杂色差役以及杂项劳役的折价，都属均徭。

均徭以人丁、税粮即丁粮多寡为基准来设定户则，均派有杂役。

■大明通行宝钞铜版

丁粮多者为上户，编重差；次者为中户，编中差；少者为下户，编下差；一户或编一差，或编数差，也有数户共编一差的。

轮差次序常和里甲同时排定，10年或三五年一次。服役期在里甲正役满后的第五年。

在具体实行上，南北方略有差异，南方以丁田为基准，北方以丁粮为基准。

均徭中有力差和银差。弘治、

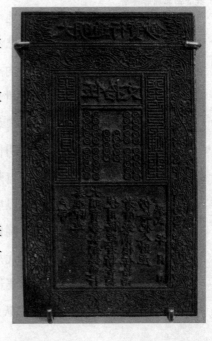

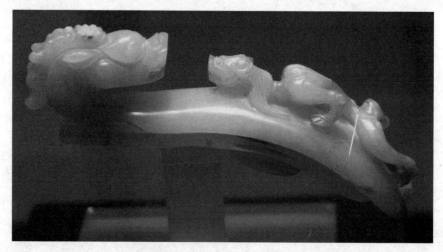

古代税赋

历代赋税与劳役制度

■ 明代龙首螭吻带钩 带钩是我国传统的器形。是古代贵族和文人武士所系腰带的挂钩，古又称"犀比"。带钩起源于西周，战国至秦汉广为流行。魏晋南北朝时逐渐消失。到了元明清三代，玉带钩的制作开始回升。明代龙带钩钩首比元代稍大，头形稍短，龙头微昂，前额稍隆起。钩面螭螭开始站立于钩面，呈腾空之势。

正德年间，亲身服役的，称力差；由民户分别供给或以货币代纳的称银差。以后力役常以银代纳，于是银差范围日广。

力差必须应役户亲身充役，后准许由应役户募人代役。名目常见的有皂隶、狱卒、门子、马夫、驿馆夫等，多在近地承当，士绅有免役特权。

银差行于弘治、正德年间，即应役户缴银代役，岁于均徭人户内点差，每名折收银若干，雇人充役。名目主要有岁贡、马匹、草料、工食、柴薪、膳夫折价等，多由下户承充，派到远地。

卫所制为明代的最主要军事制度，为明太祖所创立，其构想来自隋唐时代的府兵制。

明代中期以后又有强使民为军的方式，不过都属于少数，卫所制仍然是最主要的军制。

卫所由元代户部尚书张昶最早提出。1384年，在全国的各军事要地，设立军卫。

一卫有军队5600人，其下依序有千户所、百户所、总旗及小旗等单位，各卫所都隶属五军都督府，也隶属兵部，有事调发从征，无事则还归卫所。

卫所军屯田是明代卫所兵制的一项重要内容。按规定，边地军丁三分守城，七分屯种；内地军丁二分守城，八分屯种。

每个军丁授田一份，由官府供给耕牛、农具和种子，并按份征粮。洪武至永乐年间，全国军屯约有八九十万顷。

除大量军屯外，还实行商屯作为补助手段，即按开中法，由商人在边地募人垦荒缴粮，以补充军粮。由于实行了军屯，军粮有了保证，边防也得到巩固。

军户即户籍种类属于军籍之户，初期的来源，一是元代原本的军户；二是现役军人之户，这在1388年黄册编造之后更加以确立。

军户为世袭，而且管理严格，除军籍十分困难，大致上除非丁尽户绝、家中有人成为高官或是皇帝赦免，否则是无法除军籍的。后来有使因犯罪而充军者入军籍之方法，被称作恩军或长生军。

军户的主要义务，便是出一丁男赴卫所当兵，称作正军，其他的

■明代作战指挥蜡像

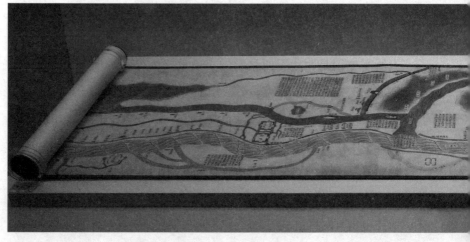

■明朝河防一览图

嘉靖 我国明代皇帝，即明世宗朱厚熜，宪宗之孙，兴献王朱祐杬之子。明朝第十一位皇帝。他在位期间，整顿朝纲、减轻赋役，对外抗击倭寇，后史誉之为"中兴时期"。

罗教 我国明代中叶时的卫所士兵罗清结合了佛教禅宗、道家老庄思想与道教中的许多教义，加上儒家传统而形成的一种民间宗教，也被称为无为教和罗祖教。创始时间为1482年。罗教思想单纯，教义浅明，是一个系统化极高的宗教。

子弟称作余丁或军余，正军赴卫所，至少要有一名余丁随行，以助其生活。

朝廷多给军户田地，而且正军免全部差役，而在营余丁及原籍下的一丁也可免差役，以保障其生活并供给正军之生活。如影响所有民间秘密宗教的罗教创始人罗清，本是一名戍军，后来找人顶替之后，才离开军伍。

军丁的分发地点，多以距离原籍地遥远且分散的方式。正军服役于卫所，可以带妻同行，以利于安定生活并生儿育女。每一军人有房屋、田地，每月有固定的月粮，但实际情形则常分配不足，行军时则发给口粮，衣装则须自备，武器则由朝廷以工匠生产。

军士在营，分成守备和屯田两部分，比例不定，按时轮流，屯田固定上缴粮食，以供给守备军及官吏，其目标在养兵而不耗朝廷财力。

明宣宗以后，卫所官侵占军屯田地、私役军士耕种之事，已经常发生，这个目标渐难以达到。

至明嘉靖时期，加上边患严重，急需兵力，朝廷改用募兵制。

募兵有挑选的余地，完全有条件选择青壮年。募兵不同于卫所军，不世袭，来去相对自由。募兵的薪饷比卫所军高出一倍甚至几倍。

募兵来自百姓，兵源丰富，缺额可以随时募补，保持军队满员；不需要可以随时裁减，节省军费。总之，募兵制更有利于建立一支能征善战的精锐部队。

罗清 明代山东即墨人，为军人兼宗教的创始者，后世门徒则称之为罗祖，又称"无为老祖"。其教又俗称罗教、罗道教、罗祖教、无为教。罗教一出，几乎所有民间宗教皆受影响，奉之为祖师。

阅读链接

明太祖朱元璋曾深以卫所军的屯田为荣，曾夸口说："吾养兵百万，不费百姓一粒米。"

明代开国以后，明太祖把军队任务分为两个部分：一部分守御操练，称操守旗军，是战斗部队；一部分下屯耕种，称屯种旗军，是生产部队。

朝廷分配给生产部队足够的荒闲国有土地，此外，耕牛、农具、种子也由朝廷供给。屯种旗军既为朝廷生产了大量粮食等战略物资，又完成了戍边任务。

清代定额化赋税制度

■ 清朝康熙皇帝朝服画像

清朝廷通过从康熙"滋生人丁永不加赋"到雍正"摊丁入地"的赋税改革，建立起完备的赋税制度。

清代的田赋、火耗、平余、摊丁入亩等制度，体现了清代在赋税应征额及简化赋税项目方面的一系列原则，有助于朝廷的赋税收入和征解行为，使得朝廷业已固定的总额更易征足。

从财政收入的组织功能上看，清代赋税制度呈现出鲜明的定额化特点。

清代前期的赋税制度，包括田赋、火耗、平余等。

清代对朝廷国有土地及因事没收的田地由朝廷经理，租给农民耕种，实行定额租制，租额为上地3分、中地2分、下地1分。不缴田赋，田丁也多免徭役。

清初田赋税率沿用前朝科则，用银两计算：沙碱地、洼地、山坡及坟地亩征1分至3分；耕地每亩2分至4分；园地每亩4分，官收官解。

■ 清代铜币

1753年，乾隆分田赋为3则，每则又分为3等，共为9等，历朝大致相同。

火耗又叫"耗羡"，是把实物换为银两后，因零碎银熔铸成整块上缴时有损耗，因此，在征收田赋时加征火耗一项。

在火耗的实行过程中，雍正年间采取了通过定火耗以增加各级地方官薪的重要措施。清初承明旧制，官至极品俸银不过180两、禄米180斛，七品知县年俸仅40两。

1724年，雍正降旨实行耗羡归公，同时各省文职官员于俸银之外，增给养廉银。各省根据本省情况，每两地丁银明加火耗数分至一钱数分银不等。耗羡归公后，作为朝廷正常税收，统一征课，存留藩库，酌给本省文职官员养廉。

定额租制 我国封建地租的一种形态，有时也指采取定额租的租佃制度。其特点是租佃农民按期向地主缴纳固定数量的实物地租或货币地租。定额租是由分成租制转化而来的。汉代军屯中已有定额租。明代定额租普遍发展，在清代，定额租在地租形态中逐步占支配地位。

■清代江南河道总督署模型

耗羡归公改革措施集中了征税权力，减轻了人民的额外负担，增加了外官的薪给，对整顿吏治，减少贪污有积极作用。

收税时，每征税银200两，提6钱的附加税，以充各衙门之用。平余为清代地方朝廷上缴正项钱粮时另给户部的部分。一般来源于赋税的加派，也有另立名目加征的。

随着商品经济的发展，清朝廷需要的货币数量日益增多，于是朝廷对田赋等除了征收部分粮食之外，其余征收货币。

清代中后期实行"摊丁入亩"赋税制度。这是清代赋税制度的一项重大改革。

摊丁入亩的具体做法：一是废除以前的"人头税"，将丁银摊入田赋征收；二是继续施行明代时的一条鞭法，部分丁银摊入田亩征收，部分丁银按人丁征收，摊丁入亩后，地丁合一，丁银和田赋统一以田亩为征税对象。

摊丁入亩的实施，使得无产者没有纳税负担，而地主的负担增加，对于清代人口的持续增加、减缓土地兼并，调动广大农民和其他劳动者的生产积极性，促进社会生产的进步，以及促进工商业的发展有一定的作用。

清前期的工商税包括盐、茶、矿等，既征税又有专卖收入。

清前期盐税收入较多，盐法主要采取官督商办、官运商销、商运商销、商运民销、民运民销、官督民销、官督商销7种形式。各省盐政，多由总督巡抚兼任，还有都转运盐使，司运使，盐道，盐课提举司等，官制比较复杂。

清前期的盐法种类虽多，但行之既广而且久的是官督商销，即引岸制，也称纲法。纲法规定灶户纳税后，才允许制盐。所制之盐不能擅自销售。

盐商纳税后，领得引票，取得贩运盐的专利权。税收管理机关将运商的姓名，所销引数、销区在纲册上注册登记。

清盐引岸制本沿袭前代盐法，只是在清代更加成熟。所谓"引"，是盐商纳税后准许贩运的凭证。由户部颁发的称为部引。所谓"岸"，是指销盐区域，即引界、引地，是专卖地域之意。

■清朝官员蜡像

清朝雍正皇帝朝服画像

清代初期的盐税较轻，主张蠲免，后来的税额有所增加。

清代盐税，分灶课、引课、杂课、税课、包课。

灶课是对盐的生产者所征的课。主要是对制盐人即灶人课人丁税，既按丁征银，又按丁征盐；对于晒盐的盐滩，按亩征土地税。

引课是按盐引征的税，这是盐税的主要部分。杂课也叫附加税，是衙门官吏的超额征收。

税课和包课，施行于偏僻地方的产盐地。对这些地区，许民间自制自用，朝廷课以税银。有的还把盐税摊入田赋，或由包商缴纳一定数额的税，然后自行收纳。

清代初期，沿用明代茶法。官茶用于边储和易马，贡茶供皇室用。官茶征收实物，大小引均按二分之一征纳。

在陕西、甘肃一带交换马匹，设专员办理，称为巡视茶马御史。交换比例是：上马给茶12篦，中马给9篦，下马给7篦，所换的牡马给边兵，牝马付所司牧孳。

当时的10斤为一篦，10篦为一引。清统一后，马已足用，于是官茶的需要减少，而茶税的征收渐有定制。其他各省纳课轻重不一。

矿税也是清朝廷的税收项目之一。清初禁止开矿，乾隆年间，大力开矿。当时云南、贵州、广东、广西、四川、湖南、浙江、福建、山西等有金、银、铜、铁、铅矿约200余处，嘉庆道光年间，又令禁止开采金矿，银矿也禁一部分，至咸丰时方开禁。

由于在采矿问题上，时禁时开，矿税的征收，在不同时间，不同地方轻重不同。

1680年，各省开采的金银，四分解部，六分抵还工本。

1682年，定云南银矿官收四分，给民六分。

1713年，定湖南郴州黑铅矿，取出母银，官收半税。

1720年，贵州银铅矿，实行"二八"收税，即收取20%。雍正以后，大半按"二八"定例收，即官税五分之一，其余4份发价官收，另4份听其贩运。

清代前期禁止酿酒贩卖，故不对酒征税。许可酿造时，酒税收入也不列入朝廷财政收入。

1757年，乾隆令地方官发执照，征酒税，1780年，奏准杭州按照北新关收税，酒税是很轻的。

清代鸦片战争以前的内地关税，即后世所谓常关税，包括正税、商税、船料三种。正税在产地征收，属货物税；商税从价征收，属货物征通过税。船料沿袭明代的钞关，按船的梁头大小征税。

■ 传统习俗春耕场景

■大清铜币

清前期常关，分设户、工两关。户关由户部主管，如乾隆时期京师的崇文门，直隶的天津关，山西的杀虎口，安徽的凤阳关，江西九江关，湖北的武昌关等40多个关。

工关主要收竹木税，工关由工部主管，关税收入供建造粮船及战船、修缮费之需。但有的关，如盛京浑河、直隶的大河口、山西杀虎口等关，由户关兼办。

清初的地方常关组织，有特设监督的，有以外官兼管的，也有由督抚巡道监收的。内地关税隶属关系不甚统一。

税制方面，清初比较严谨。比如：罢抽税溢额之利，以减轻税负；议准刊刻关税条例，竖立刊刻告示的木牌于直省关口孔道，晓谕商民；还屡次制定各关征收税则，划定税率标准。但到了乾隆初年，已出现私增口岸，滥设税房之事，常关积弊又出现。

常关税率，依雍正、乾隆年间户部惯例，以从价5%为标准，但未能贯彻。各关自定税率，一般说来都以货物通过税为主，还有附加及手续费。

1684年，清朝廷取消海禁，准许外商到广州、漳州、宁波和云台山4个口岸进行贸易。由于西方海

海禁 又称洋禁。我国古代朝廷为了整顿沿海治安，清理走私，保障社会安定起见，采取的一种禁阻民间人士非经过官方许可，私自出洋从事海外贸易的政策。清代海禁对于殖民主义者在我国的侵略活动起过一定的自卫作用，但也使我国失掉了对外贸易的主动性。

盗商人的违法行为，清朝廷决定取消其他几个通商口岸，只许在广州一口通商，直至中英《南京条约》签订，情况才发生变化。

清初的对外贸易，沿袭明代的各项贸易制度。康熙令开放海禁后到鸦片战争以前，来中国贸易的国家主要有英、法、荷兰、丹麦、瑞典等，其中英国占主要地位。

海关征税，分货税和船钞两部分。货税征收无一定税则，除正税之外，另征各项规银及附加，一般说来，正税较轻，但外加部分有时竟倍于正额。

1689年颁行的海关征收则例分衣物、食物、用物、杂物四类课税，进口税率为4%、出口税率为1.6%，均系从价，按物课税外，每船征银2000两，此为吨税之始。

1728年，又定洋船出入期及米粮货物之数，司关对于外商入口所携货物现银，另抽一分，叫缴送。

1757年，西洋船到定海，为抵制外货，浙江海洋船税加增了近一倍多。

清前期的海关主权完整，但征税于行商。外商来关贸易必须经官方核准的行商间接代售。行商借以居中牟利，于售价每两

工部 我国封建时代朝廷官署名，为掌管营造工程事项的机关，六部之一，长官为工部尚书，曾称冬官、大司空等。清代工部是管理全国工程事务的机关，下设四司。后来，清朝廷在改革官制时，将工部并入商部，改为农工商部。

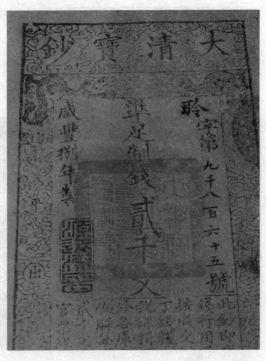

■ 清代纸钞

征银3分作为行用。而外商以公开行贿的手段，进行大规模走私，使朝廷关税损失严重。

落地税是商人购得货物到店时所征的税。清前期落地税，全国没有统一税法，由地方官随时酌收，无定额。一般来说在各市集乡镇，附于关税征收。其收入之款交由地方留作公费，不入国税正项。

牙税是牙行或牙商征收的税。牙行和牙商是当时城乡市场中为买卖双方说合交易或代客买卖货物抽取佣金的中间商人。

牙帖税率，因地区而异，一般依资本或营业额分为数级，如江西规定上级纳银3两，中级纳银2两，下级一两；湖北规定上级纳银2两，中级一两，下级5钱。偏僻村镇，上级一两，中级5钱，下级3钱，纳银多少因负担能力而异。

除牙帖税外。还要交年捐，即牙行开业之后，每年分两期，依营业额大小分等，税银约50两至1000两之间。

当税为清初所创，系当铺营业税，当税由当帖而生。一般当铺或小抵押铺，于领取当帖获得营业许可权时，需缴当税，每年一次。

1652年，制定当铺税例，各当铺每年课银5两。

1664年，规定依照营业规模大小年纳银5两、3两、2.5两不等。

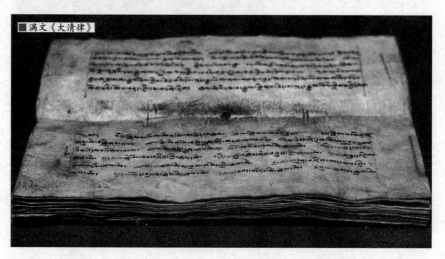

■满文《大清律》

■清代兑换券

契税也称为田房契税，是对买卖典押土地房屋等不动产所课的税。清初只课买契，不课典契，后来，渐及典契。

1647年规定，民间买卖土地房屋者，由买主依卖价每一两课税银3分，官于契尾钤盖官印为证。

1729年，规定契税每两纳3分以外，加征一分作为科场经费。税契之法，此法税率，买契为9%，典契为4.5%。

除上述各税外，还有牲畜税、车税、花捐、灯捐等。各省新设立的名目大致相同。

阅读链接

康熙年间，苏州一带绅士逃税之风甚烈，涉及者有上万人。为此，康熙皇帝下令一律取消功名，其中有两三千人交刑部议处。

有一个学子考中了"探花"，但他欠税折银一两，被官府发现。他给皇帝上疏求情："所欠一厘，准令制钱一文。"

这位学子原想得到恩准的，没想到康熙皇帝还是照样除了他的功名。这事在江南一带成了一句民谣："探花不值一文"，并四处流传，偷漏税者莫不惊恐。从此以后，再无这种事情发生了。

清代独特的旗人兵役

■ 努尔哈赤画像

清代徭役中最有特色的是旗人的兵役，以及由旗人构成的八旗军。

清代以旗人为主要兵源构成的八旗军，最初具有行政、军事、生产三种职能。

八旗人平时为民，战时为兵，这是一种军政合一的部落兵制。在清王朝统一全国后，又以汉人为基础组成了"绿旗军"，充实了兵力。

1615年，努尔哈赤将满族、蒙古族、汉族力量编成8个旗，分别用正黄、正白、正红、正蓝、镶黄、镶白、镶红、镶蓝8种色旗作标志。这是八旗制度的初建，被称为"满八旗"。

　　所谓八旗制度，是一种军政合一，兵民合一的部落兵制。

　　八旗制度是努尔哈赤在统一女真的过程中创造的满族社会制度。它是在牛录制的基础上发展起来的。牛录制原是女真人集体狩猎的一种形式。八旗打破了原来分裂的局面，使得努尔哈赤直接掌管八旗。

■皇太极画像

　　皇太极继位后，为扩大兵源，在满八旗的基础上又创建了蒙古八旗和汉军八旗，其编制与满八旗相同。满族、蒙古族、汉族八旗共24旗，构成了清代八旗制度的整体。

　　事实上，在满洲、蒙古、汉军八旗内，除了满族、蒙古族和汉族以外，还有其他民族的人。不同民族的成员长期生活在八旗制度下，他们也都被称作"旗人"。

　　旗人是清代八旗兵之主要来源。清代规定，凡16岁以上的八旗子弟，"人尽为兵"，世代相袭。而且每旗下属的众佐领通常都是世袭职位，健锐营的军职也是满族世袭。

努尔哈赤 爱新觉罗氏。满族。建立大金政权，创建八旗制度，是清代的奠基人和主要缔造者，谥号"承天广运圣德神功肇纪立极仁孝睿武端毅钦安弘文定业高皇帝"，其子皇太极改国号为"大清"并称帝后，追尊他为太祖。

无纪年大清银行兑换券一百元（单面）　清

■ 清代纸币

满城 系1718年由年羹尧主持，建于成都之西南角，专供八旗官兵及其家属居住的城中城，习惯上呼为少城。城设五门八旗重要官署均设满城内，由清帝直接任命的最高官员将军统管，四川总督也无权过问，成为名副其实的独立王国。

清朝廷禁止旗人从事农、工、商各业，当兵成为旗人唯一正当的职业。其所居之地若未经朝廷调换都是固定的。比如满城就是旗人集中居住的地方。当时的旗人拥有一定的地位。

清入关以后，八旗军又分作两种旗军，即禁旅八旗军和驻防八旗军。

禁旅八旗是八旗兵中留驻京城的部分，是禁卫军性质的部队。在这支禁卫军中又可以分为郎卫和兵卫两种。郎卫又称亲军营，主要负责保卫宫廷和作为皇帝的随从武装，是皇帝身边的亲军。兵卫主要负责卫戍京师的工作。

驻防八旗是清朝廷分别派遣到全国各地的武装力量。绿营仅有极少数驻京师，称巡捕营，隶属八旗步军营统领。其余分屯各省，依所辖地域之大小、远近、险要和人口的多少确定兵额。

除了原有的满、蒙、汉军八旗兵外，清朝入关后还组建了绿营兵。绿营兵初时多是入关后改编的明军和新招的汉人部队，以后补充的兵员则是由应募而来的，是一种雇佣兵。

清朝廷为确保军队稳定和具备较高的战斗力，陆续建立起一系列的兵丁挑选、演练、粮饷等完备的制度。八旗军队中的兵丁是从各旗中的壮丁中挑选的，挑选兵丁俗称挑缺，被选中的称为披甲，成为一个正式八旗兵丁。

八旗兵和绿营兵都实行薪给制，按年或月发一定的银饷和米粮。每月钱粮由朝廷供给，号称"旱涝保收"的"铁杆庄稼"。

康熙年间定制：前锋、护军、领催，月饷4两，马兵3两，年饷米46斛，合23石；步兵领催月饷2两，

步军营 清朝廷京城的卫戍部队和治安机关，按地段，分驻防区下设中、南、北、左、右5个巡捕营。按八旗方位驻防，负责城内社会治安，专司缉捕之事。清初有满、蒙、汉军步军营，入关后，还有圆明园护军营、火器营等营制，担负各种特殊任务。

■清朝八旗军

曾国藩画像

步兵1.5两，年饷米22斛，合11石，出兵时另有行粮。八旗兵的薪饷和武器装备均优于绿营兵。

清朝廷视水师为陆军之辅。加之满洲以骑射为本，故不善水战。

1651年，顺治帝令沿江沿海各省循明制，各设水师，其编制与陆军一致。此为清设水师之始。

清军在平定叛乱、保卫国防等方面发挥了重要作用。如平定三藩之乱，远征台湾，于雅克萨战役击败俄国，平定噶尔丹等。乾隆时，更有所谓"十全武功"，清代军事力量达到极盛。

1840年鸦片战争以后，曾国藩在湖南募团丁为官勇，订营哨之制，粮饷取自公家，称湘勇或湘军，是乡团改勇营之始。后来又有新建陆军、自强军代之而起。因其武器装备全用洋枪洋炮，编制和训练仿西方军队，故称新军。由于辛亥革命爆发，新军随清亡而终。

阅读链接

皇太极执政之初，在治国安民上展现了非凡的才能。

他首先提出了"治国先要安民"的总方针。安民的重点在安抚汉人。皇太极采取"编户为民"的政策，让一部分为奴的汉人恢复自由，成为个体农民。

同时，把汉人从满人中分开，自立一庄，用汉人管理，以减少或杜绝满族贵族的直接压迫。他又派人丈量土地，把各处多出来的土地归公，不许再立庄田。皇太极的措施，既缓和了民族矛盾，又解放了生产力。